家长谈：一定要陪孩子学习

⋯> 好成绩都是帮出来的

好父母都是学出来的，好孩子都是教出来的，好习惯都是养出来的，好成绩都是帮出来的。当我看到这句话的时候，女儿已经读一年级下半年了，这时我才真正认识和领会到其中的含义！

没有天生就成功的父母，也没有不需要学习的父母，我们只有不断充实自己，多掌握一些教育知识和好的学习方法，才可以扮演好家长这个重要角色，孩子的健康成长才会有保障。

——天津家长

⋯> 每天抽出一点时间

一些家长肯定会想，我们工作忙，事情多，哪有那么多精力陪孩子一起学呢？其实，我个人认为，每天只要抽出一点点时间就够了。

我的孩子上小学之前就让我很头疼。她对汉字特别不敏感。我曾经尝试教她学认汉字，可是收效甚微。有时一个礼拜就认一个字，她也总记不住。而那个时候，同龄的孩子有些都能读书看报了。刚上一年级时，她的起点真的很低。她爸爸开玩笑说：女儿斗大的字不识一箩筐。我当时心里特别焦虑，我怕她跟不上，产生厌学情绪。没别的办法，只有自己下决心，陪孩子一起学。

——广东家长

⋯> 孩子要手把手地教

孩子刚上小学，感觉就像学走路一样，父母真的要手把手地教。

孩子除了在学校接受老师的耐心教育之外，在家里，家长的辅导与关怀也显得特别重要。我想让孩子对学习感兴趣，所以每天都会和他谈一谈、让他说当天在学校里学了什么，和他一起分享上学的乐趣，从而让他爱上上学。

——北京家长

第3部

孩子，妈妈陪你一起学

Education

陈年年◎主编

新世界出版社
NEW WORLD PRESS

图书在版编目（CIP）数据

孩子，妈妈陪你一起学. 第3部／陈年年主编.—北京：新世界出版社，2013.2 （2023.2重印）

ISBN 978-7-5104-3747-2

Ⅰ. ①孩… Ⅱ. ①陈… Ⅲ. ①小学生－学习方法②小学生－家庭教育 Ⅳ. ①G622.46②G78

中国版本图书馆CIP数据核字（2012）第308022号

孩子，妈妈陪你一起学（第3部）

作　　者：陈年年
责任编辑：杜　力
责任印制：李一鸣　胡　培
出版发行：新世界出版社
社　　址：北京西城区百万庄大街24号（100037）
发 行 部：（010）6899 5968　（010）6899 8733（传真）
总 编 室：（010）6899 5424　（010）6832 6679（传真）
http：//www.nwp.cn
http：//www.newworld-press.com
版 权 部：+8610 6899 6306
版权部电子信箱：frank@nwp.com.cn
印　　刷：北京彩眸彩色印刷有限公司
经　　销：新华书店
开　　本：710×1000　1/16
字　　数：120千字　　印　张：10.5
版　　次：2013年2月第1版　2023年2月第3次印刷
书　　号：ISBN 978-7-5104-3747-2
定　　价：22.80元

前言

好方法，让孩子每一步都领先

一种优秀的家庭教育，不仅要养育孩子的好性格、好习惯，更要让孩子抢先一步收获好的学习方法。

状元妈妈张改平是武汉理工大学的一位副教授。她的儿子熊慰高考时以高分夺得武汉市理科状元，被北京大学录取。毕业后又被美国哥伦比亚大学录取为直读博士，并获得了全额奖学金。

张妈妈在谈到自己的教子经验时，十分欣慰孩子具有很强的自学能力。尤其是等到孩子到了高年级，家长基本没有时间，也没有能力辅导孩子，学业完全需要他自己完成。而这种自学能力，正是来源于从小获得的科学、高效的学习方法。比如：为了学习更有效率，张妈妈经常陪孩子一起制订学习计划，提出阶段性的学习目标，并帮助孩子坚定地执行计划、实现目标。慢慢地，熊慰学会了“今日事今日毕”，制订了计划就一定要完成，不找任何理由拖拉。

张妈妈还非常重视孩子的阅读。在熊慰小时候，她经常陪孩子一起读书。张妈妈说：阅读是孩子智力发展的催化剂，具备优秀阅读方法的孩子，学习起来一般都会更轻松。

我们相信，掌握了高效的学习方法，孩子今后的每一步学习都将领先于同龄人。

目录

第一章 在学习中快乐，在快乐中学习

01 “随时可以学习”的环境 ······ 002

02 “登台阶”的快乐 ······ 005

03 爱看报的孩子有前途 ······ 008

04 让孩子的兴趣“立体化” ······ 011

05 小小扑克牌，我有大用处 ······ 013

06 实用有趣的接龙游戏 ······ 016

07 告别偏科的困扰 ······ 018

08 旧报刊也是孩子的“营养餐” ······ 020

09 画一画就能掌握 ······ 023

10 让数学幽默起来 ······ 026

11 简单有趣的手指操 ······ 028

12 汉字可以这样学 ······ 030

13 绿灯行，红灯停 ······ 032

14 把课文变成“问题竞赛” ······ 035

第二章 学得好还要记得牢

15 观察是记忆的眼睛 …… 038
16 联系起来想一想 …… 040
17 分好门类，各归各位 …… 042
18 循环记忆法（一） …… 044
19 循环记忆法（二） …… 047
20 神奇的首尾记忆法 …… 050
21 口诀记忆最轻松 …… 052
22 简化材料记一记 …… 055
23 化零为整的归纳记忆 …… 058
24 有比较才有区分 …… 061
25 在改错中记忆 …… 064
26 组合记忆游戏 …… 066
27 妙招记忆多音字 …… 068
28 这样背诵课文最有效 …… 071

第三章 阅读是孩子前进的风帆

29 阅读从做计划开始 …… 074
30 这样阅读最简单 …… 077
31 批批画画效果好 …… 079
32 我提问，你回答 …… 081
33 手抄报阅读法 …… 083
34 阅读知识分类记 …… 085

35 最简单的阅读训练 …… 087
36 泛读英语读物 …… 089
37 扩充书籍增大信息量 …… 091

第四章 如何指导孩子写作

38 “3W1A法”写好看图说话 …… 094
39 “写话”有技巧 …… 096
40 日记到底应该记什么 …… 098
41 模拟小记者写采访日记 …… 100
42 句子写精彩，作文更好看 …… 102
43 让人物形象鲜活起来 …… 104
44 一招教孩子老题新做 …… 107
45 “擦亮”作文的标题 …… 109
46 数学也可以记日记 …… 111
47 不能放过的写作错误 …… 113
48 好作文是修改出来的 …… 115

第五章 高效利用时间的秘诀

49 时间越计划越多 …… 118
50 时间的使用效率最重要 …… 120
51 1、2、3、4、5、6排排队 …… 122
52 整理是一件节约时间的事儿 …… 124

53 “二八法则”安排时间法 …… 126
54 与孩子订立一个时间合约 …… 129
55 记好时间的账 …… 131
56 零散时间也有大用处 …… 133

第六章 预习、听课和复习的技巧

57 我的语文预习笔记 …… 136
58 数学也要预习 …… 138
59 教孩子学会听课（一） …… 140
60 教孩子学会听课（二） …… 142
61 听课“三看” …… 144
62 争取每堂课回答一个问题 …… 146
63 当天学完当天复习 …… 148
64 “过电影”复习效率高 …… 150
65 目录复习法 …… 152
66 每周的“三个一”复习法 …… 154
67 让孩子“复习”一下错误 …… 156
68 考卷，孩子复习了没 …… 157

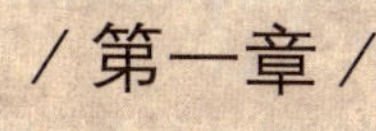

第一章

在学习中快乐，在快乐中学习

好的学习方法，能让孩子主动学习并且乐于求知。家长应该努力将快乐引入教育，有意识地创造快乐的情境，让孩子们在学习中得到快乐，在快乐中学习。

01 “随时可以学习”的环境

美国有一位心理学家，她毕业于著名的哈佛大学，后来，她的三个孩子也都先后考上了哈佛。很多人觉得这是一个奇迹。有人采访这位妈妈：“你们家的这种名校基因到底是怎样产生的？”心理学家并没有直接给出答案，她只讲了一件事：她的书房里经常放着大量的资料，比如图鉴和百科全书等。孩子们从小看见妈妈经常翻阅这些书籍，觉得十分好奇，也开始学着翻看这些书。当然，最初他们也只是半游戏性地翻阅，不久以后，孩子们就被里面丰富多彩的知识与插图吸引了，渐渐着了迷。后来，他们一遇到什么问题，就会自觉地来到书房翻阅书籍寻求解答，这个习惯一直伴随着孩子们长大成人。这位妈妈其实是想要告诉我们，一个良好的学习氛围，才是孩子爱学习、会学习的根源。

这个故事对于中国家长的启发意义是：很多家长十分重视孩子的学习，可是当孩子的学习出现问题时，家长往往会抱怨孩子自己不争气，或者把责任推到学校和老师身上。其实，与其抱怨这、抱怨那，不如努力为孩子创造出一个“随时可以学习”的环境。比如像故事中的心理学家一样，多给孩子买一些书，父母自己也多读书，营造一个爱读书、爱求知的氛围。

除此之外，家长还可以根据孩子的学习特点，采用一些简单、有趣的方法来制造浓厚的学习氛围。比如，孩子不爱学英语，我们可以在家

YES! 制造读书环境

NO! 不愿以身作则

家教箴言：当孩子的学习出现问题时，家长与其抱怨这、抱怨那，不如努力为孩子创造出一个“随时可以学习”的环境。

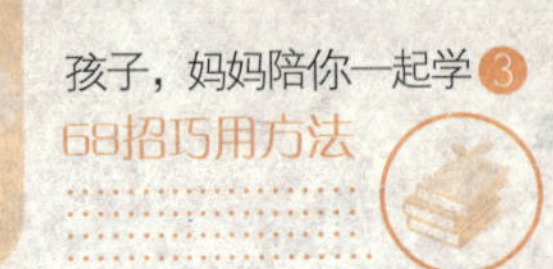

中的每一件物品上都贴上英语单词，例如在杯子上贴“cup”、在电脑上贴“computer”、在桌子上贴“desk”等，或者在孩子的玩具上都贴上英文，比如在小汽车上贴“car”、在玩具熊上贴“bear”……时间一长，孩子就像生活在一个英语世界，既记住了单词，也提升了兴趣。

除了英语，妈妈还可以每天为孩子准备一些小游戏，在游戏中帮助孩子收获知识。比如“冰箱上的游戏清单”：

1．对妈妈说出冰箱中五种食品的英语单词。

2．数字100001读作__________（回答正确，奖励一瓶酸奶）。

3．成语加减法：

（　）仙过海 +（　）拍即合 =（　）死一生

（　）拿九稳 −（　）鼓作气 =（　）天揽月

4．跟妈妈讲一下郑人买履的故事，想想如果自己是主人公该怎么做？（不知道这个典故可以查一下词典噢！）

一个好的学习环境，可以培养孩子的学习兴趣，促使孩子主动采取学习行动，达到无声胜有声的效果。

播放英语练听力。孩子每天起床时，妈妈可以利用孩子早起收拾的一段时间，为孩子播放一些他喜欢的英文歌曲或者英语对话片段。孩子一边听英语一边刷牙洗脸。尽管有时候他们并不能完全听明白每一个句子，但如果每天坚持听，置身于这种英语氛围中，孩子对英语语言的敏感度就会越来越高。

02 “登台阶”的快乐

英国的一位科学家找到一批志愿者，并将他们分为三组，让他们在三种不同的情况下沿着公路向前行走。第一组人，没有人告诉他们要去哪儿，要走多远，只是让他们跟着向导走；第二组人，明确告诉他们要去哪儿，要走多远；第三组人，科学家在把目的地和行走的里程数都告诉他们后，又在沿路每隔一千米的地方树一块路牌，向他们指示里程。实验的情况是：

第一组的人刚走了两三千米就有人叫苦了。走到一半时，有些人几乎愤怒了，他们抱怨为什么要大家走这么远，而且不知何时才能走到。越往后，大家的情绪越低。最后，有的人甚至坐在路边，不愿再走了。

第二组的人走到一半时有人开始叫苦。大家只能凭感觉判断已经走了多远，有人说：“大概走了一半。”于是大家又往前走，渐渐感到情绪低落，疲乏不堪。当有人说快到了时，大家才又振作起来，加快了步伐，不久就到达了目的地。

第三组的人一边走一边看路牌。当他们走到一半路程的时候，大家都发出了欢呼声。当走到离目的地只差一两千米的时候，大家甚至开始大声唱歌、说笑，行走速度也越来越快。

实验的结果是：第三组花的时间最短，路途中也最快乐。

这个心理学实验告诉我们，目标对一个人的引导作用是巨大的。当一个人有了明确的任务目标，并且大目标能够分成一个一个小目标，这个目标就更加容易实现。

有经验的妈妈在指导孩子学习时，也会先让孩子完成一件比较容易的任务，等这个任务完成后，再接着提出更大的要求。这种现象就像大家上台阶一样，要一级台阶一级台阶地往上登，这样才能顺利地登上高处。

在现实教育当中，一些家长总是错误地认为，在为孩子制订学习目标时，如果把目标设置得高一些，那么即便孩子暂时实现不了，也可以达到一个离目标不太远的程度。有了这种心理，家长常常不切实际地把孩子的短期目标和长远目标都订得过高。但事实上，如果学习目标远远超出了孩子的能力范围，就很可能会导致孩子不断冲击目标却又不断失败的结果，这对孩子的自信心来说无疑是一个沉重的打击，也就在无形中扼杀了孩子的学习兴趣。

大家不妨采用“登台阶”式的订目标法来为孩子计划学习。以数学为例，假如孩子的数学成绩总是不理想，而我们要求孩子达到90分的成绩，那么我们可以为孩子设计这样的台阶目标。

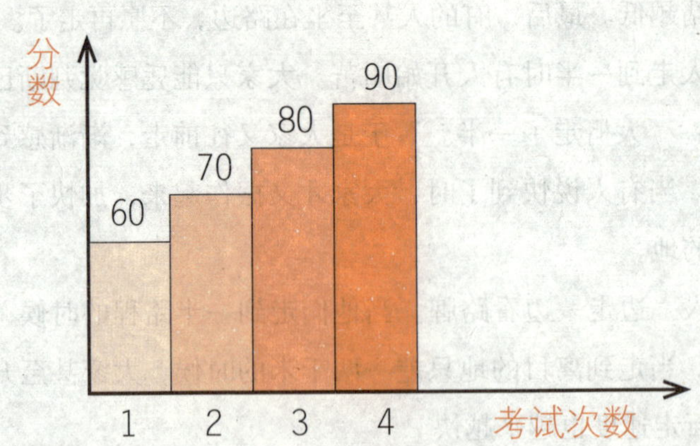

除了提出成绩目标，我们还可以把“登台阶”法运用到孩子具体的学习计划中。比如，指导孩子在5天内掌握40个英语单词。

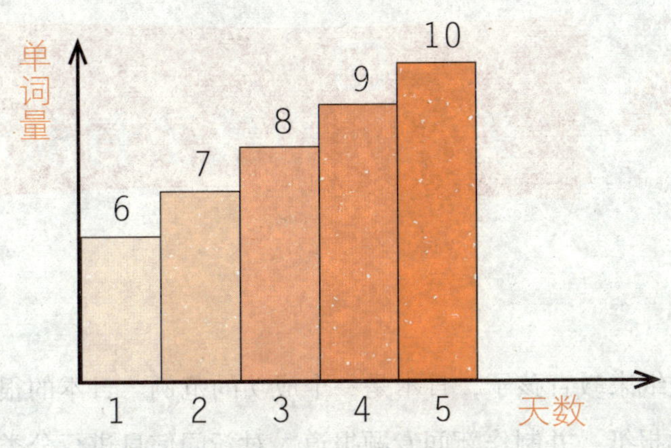

“登台阶”法的最大优点在于，它可以分散孩子对于大目标的注意，而着眼于一个个较容易达到的小目标，从而减轻心理压力，增强信心，最终实现大目标。此外，孩子每实现一个小目标，就能获得一定的成就感和满足感，从而真正体会到学习的快乐。

把前一名同学当成目标。在给孩子制订成绩目标时，妈妈不一定要给出一个固定的分数线，可以巧妙地把目标变成孩子的同学。比如在一次考试之后，问问孩子，比他得分靠前的同学考了多少分，然后鼓励孩子争取在下次考试时追赶上这位同学。这样一来，由于二者分差不会很大，易于实现；目标由分数变成同学，更加明确，也易于调动孩子的积极性。制订这种成绩目标的结果，往往会超过孩子的预期，妈妈们可以试一试。

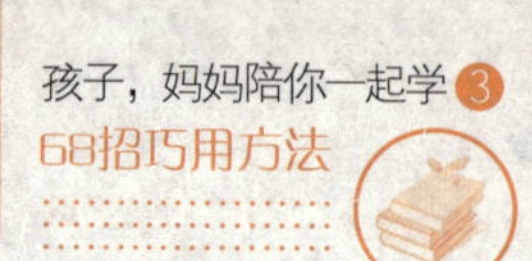

03 爱看报的孩子有前途

运用报纸来教育孩子，日本是一个成功的范例。日本的很多学校都要求孩子阅读报纸，并制作新闻专题报道，对新闻信息进行分类整理。在较高的年级中，老师还要求学生分组讨论不同的新闻话题，比如环保、老年人福利等社会热点。

人民教育出版社编审、教育部课程教材研究所研究员崔峦老师也曾说过这样的一句话："喜欢看报的孩子最有前途。"这句话的潜在意思是，孩子阅读兴趣的培养以及对于知识的撷取，绝对不能只停留在课内。

的确，报纸的信息量大，内容丰富，读报不仅可以扩大孩子们的视野，让他们体会到阅读的快乐，还可以锻炼他们的语文自学能力。经常看报纸的孩子写出来的作文，也往往紧跟潮流，比较鲜活。

那么，家长应该怎样利用报纸指导孩子学习，引发孩子的阅读兴奋点呢？我们可以先让孩子挑出他自己比较关注的新闻报道，认真阅读几遍，然后让孩子按照"5W+1H"（Who、When、Where、What、Why+How）的模式对这一报道进行整理和归纳，并写出自己读后的感想。

报纸名称及日期：________________

新闻标题：________________

谁（Who）：________________

何时（When）：________________

何地（Where）：________________

什么（What）：________________

为什么（Why）：________________

如何（How）：________________

其他信息（不重要但对理解报道内容有帮助）：________________

自己的感想：________________

YES! 小小新闻官

家教箴言：报纸的信息量大，内容丰富，读报不仅可以扩大视野，让孩子体会阅读的快乐，还可以锻炼他们的语文自学能力。

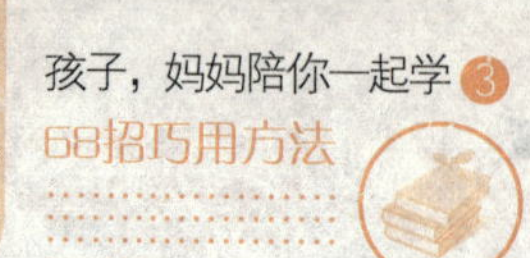

孩子刚开始做这项整理的时候，肯定不知道从何下手。这时家长可以先给孩子做一个示范或者一些提示，指导孩子能独立完成这项活动。等到孩子能够熟练地捕获报纸中的关键信息后，我们还可以鼓励孩子当一个“小新闻官”，将一天或者一周的重点新闻讲给爸爸妈妈或者爷爷奶奶听，孩子有了成就感，就能够得到更多的乐趣和自信。

状元妈妈这样做

看电视也一样重要。比起报纸，电视通过声画合一的方式，可以更快速、直观地传达信息。另外，孩子与电视的接触频率也远远高于报纸。所以，电视在教育方面的作用妈妈也不能忽视，应该巧妙地把电视也当成培养孩子学习能力的一种方式。比如在孩子看完一部电影之后，妈妈可以和孩子聊一聊：这部电影讲了一个什么故事？故事中的主人公是谁？他是个怎样的人？如果你是他，你会怎么办？你觉得这部电影好看吗？为什么？妈妈一边问，孩子会一边思考，无形中锻炼了他的记忆和归纳能力。孩子为了更好地回答妈妈的问题，会精心地组织自己的语言，在不经意间也锻炼了他的语言表达能力。

上了小学之后，不同的孩子会对不同的学科产生不同的兴趣：比如有的孩子喜欢学语文，一有时间就看童话、小说等课外书，对数学书却从来不愿摸；有的孩子则相反，喜欢做趣味数学题，却害怕学语文。这都是每个人兴趣、爱好不同的表现。

家长都知道，小学学习是打基础的关键阶段，每一个科目都不能忽略。那么，我们如何培养孩子“立体化”的兴趣，使他们对每一门课都喜欢学习呢？大家可以试试“每周一题”的方法。具体做法是：

给孩子做一个计划，每星期挑战这个科目的一道难题，先自己独立思考，然后在老师的帮助下彻底弄清楚这道题，争取能准确、清晰地说出解题的方法和思路。之后，用这道题去考考同学，如果他们做不出来，就把解题方法和技巧讲给他们听。有句话说得好：“没有什么比成功更能增加满足的感觉，也没有什么比成功更能鼓起进一步成功的动力。”如果孩子能解出别人做不出的难题，当上同学的“小老师”，他们就会体验到自豪的满足感，对学习这一科目也会充满信心。这种方法经过一段时间，就能大大增强孩子的学习热情，提高学习兴趣。

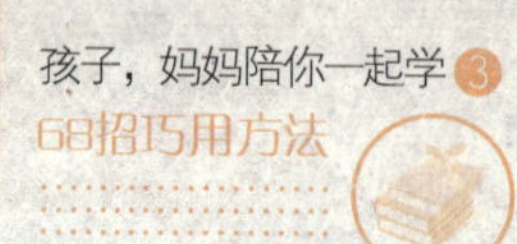

江西省希望二小的赵晓云老师建议学生通过把课内外知识联系起来，改变对不喜欢科目的态度。她举例说："很多的古诗词被改成了流行歌曲和电视剧插曲，比如《但愿人长久》《念奴娇》《水调歌头》等，让孩子听一听、唱一唱，他们就可以很快把这些古诗记住了。"

画一画，轻松记古诗。法国科学家将实验者分成人数相等的两组，第一组只给他们一段文字，而另一组既给出相应的画面也给出文字。结果显示，第二组对文字的掌握情况比第一组高出30%。科学家由此得出判断：大脑更喜欢鲜明、直观的画面。利用这一个结论，我们可以通过画画来辅导孩子学习。比如让孩子根据自己的理解，把要背诵的古诗画成相应的图画，然后结合生动的画面来记忆古诗，效果一定很好。

YES! 做一回小老师

NO! 厚此薄彼

家教箴言：如果孩子能解出别人做不出的难题，当上同学的“小老师”，他们就会体验到自豪的满足感，对学习这一科目也会充满信心。

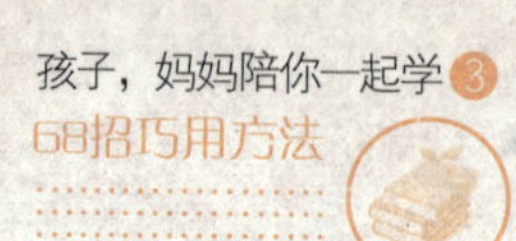

05 小小扑克牌，我有大用处

实践证明，懂教育的家长往往善于把孩子喜爱的游戏和孩子的学习内容巧妙地结合起来，通过游戏让孩子感受学习的快乐。

刚上小学一年级的方方很喜欢玩扑克牌，每到周末他就会叫上好朋友来家里，一起兴高采烈地玩扑克。方方的爸爸妈妈为此很不高兴，他们觉得打扑克牌对孩子来说是一件既浪费时间又影响学习的事。他们更担心孩子会因此而影响学业。如果你的孩子也像方方一样，对某一种游戏很入迷，你是不是也会有同样的担心呢？其实，只要我们稍微花点儿心思，适当地把游戏进行改造，它便马上就能变身成为促进孩子智力发育、培养孩子学习兴趣的好工具。

不信吗？我们以刚才讲的扑克牌为例，看看怎样才能让它发挥最大的学习效果。

1. 变换组合：增加孩子对数字的理解

一个数字可以由不同的数字组合而成，比如5可以分成2和3，也可以分成1和4。所以，我们完全可以通过扑克牌，让孩子了解数字组合的不同变化，加深孩子对数字的理解。在和孩子玩扑克之前，先规定一个基本数，比如10，做游戏时，我们先出一张牌，例如2，看孩子能否拿出一张8

凑成10。

2. 有趣的24点：训练组合运算能力

妈妈和孩子每人抽取两张牌，同时亮出牌，看看谁能运用加减乘除四则运算，将四张牌上的数字（大小王可以是1到24之间的任何整数，A、J、Q、K分别代表1、11、12、13）进行计算，得出结果为24。比如妈妈的牌是J和A，孩子的牌是8和4，就可以通过算式（11＋1）×（8÷4）得出24。这是一个经典的扑克牌游戏，非常有利于锻炼孩子的数学思维。

3. 排一排顺序：培养孩子对数字的敏感度

这个玩法比较简单，游戏规则是：参与者随机摸取一部分扑克牌，然后按由小到大或者由大到小的数字顺序打出手中的牌。比如我们出1孩子出2，先将手中的牌全部出清者为获胜方。在孩子熟悉这种玩法后，还可以适当增加难度，比如按照偶数2、4、6、8……的顺序变换出牌规则，或者由孩子制定规则等。

纸牌对对碰。模仿扑克牌游戏，妈妈也可以通过自制纸牌的方式教孩子记忆英语单词。找来一些硬纸片，剪成扑克牌那样的大小，将孩子需要掌握的英语单词都拆成两半，分别写在卡片上。比如“see”，一张写上“se”，另一张写“e”；“car”，一张写上“c”，另一张写“ar”……将所有卡片打乱以后，让孩子把能够组成一个单词的两张卡片找出来，凑成一对。

06 实用有趣的接龙游戏

不知道父母有没有这样的经历，要求孩子做某件事、取某样东西，孩子常常很不乐意去做。但是如果父母换一个说法，效果往往不同。比如，告诉孩子你要跟他玩一个游戏、做一次比赛，把希望孩子做的事情变成游戏，这种润物细无声的方式既能达到教育的目的，又不会使孩子抵触。

可以说，游戏在调动孩子学习的积极性方面能起到很大的作用。家长完全可以寓教于乐，通过游戏有意识地引导孩子爱上学习。根据某专业教育机构的调查，在众多游戏中，知识接龙游戏是培养孩子兴趣的最佳方法之一。可以用来接龙的知识有很多，比如英语词汇、汉语成语，还可以是简单的数学算式。下面我们以成语接龙和数学算式接龙为例，来说一下这个游戏的具体玩法。

1．成语接龙

游戏规则是：妈妈随便说出一个成语，孩子接着说一个成语。要求新起成语的第一个字，必须是前一个成语的最后一个字。如：

大材小用—用非所学—学富五车—车水马龙—龙马精神—神采飞扬—扬长而去—去伪存真—真相大白—白头偕老—老当益壮—壮志凌云—云中

仙鹤—鹤立鸡群—群策群力—力争上游—游刃有余—余音绕梁—梁上君子……

2. 数学算式接龙

游戏规则是：最开始的算式可以是随意的一个简单算式，但是得出的结果要作为第二个算式的被加数，对加数可不做要求。如：

1+1=2，2+4=6，6+10=16……

值得一提的是，知识接龙这个游戏，参与者越多游戏越好玩，孩子也越有兴趣。所以爸爸妈妈和其他家庭成员都应该积极参与，这样才能更好地调动孩子玩游戏的积极性。当然，在孩子回答不上来的时候，家长可以适当地给予提示，以保证游戏能顺利完成。

你接我也接。这是接龙游戏的另一种新玩法，我们可以利用这个方法教孩子掌握同义词、反义词，并且锻炼孩子的想象能力。比如爸爸说："想到喜欢，就想到喜爱。"妈妈说："想到喜爱，就想到热爱。"孩子说："想到热爱，就想到宠爱。"依次往下接。

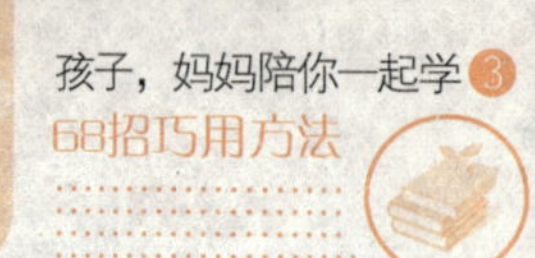

07 告别偏科的困扰

有时候孩子的偏科问题会让家长很头疼，比如孩子对某一科目总是提不起一丁点儿兴趣。孩子自己很困惑，家长也很苦恼。那么，针对偏科的孩子，我们该怎样进行矫正呢？试试下面的两个小招数吧。

1. 合理搭配各科

让孩子将喜欢和不喜欢的科目安排在一起学习，注意时间安排的比例。比如孩子喜欢英语而讨厌数学，那么我们可以指导孩子在学完一个小时英语后，拿出15分钟做一做数学练习。然后学数学的时间可以逐渐延长，循序渐进地打消孩子的抵触情绪。

2. 建立家庭讨论组

我们可以在家中建立一个讨论组，讨论的内容应该围绕着孩子不太喜欢的学科进行。比如孩子不喜欢语文，那么我们可以经常开展语文知识的讨论会，比如在看到介绍庐山的电视节目时，问问孩子：“《望庐山瀑布》是李白写的，对吗？你可以把这首诗完整地背诵下来吗？”这样的指导方式可以让孩子在问题中增强对该门学科的探索欲望。

另外，家长在给孩子讲故事的时候，可以多选择与孩子不喜欢的学科有关的趣闻轶事，这样也可以逐渐消除孩子心理上的抵触感。

让孩子多动手。家长还可以通过让孩子多动手的方式，使他们爱上学习。比如孩子在学习平面图形的周长和面积计算时，我们可以让孩子拿尺子量一量家里的实物然后计算。这样学起来，孩子不仅不会觉得枯燥，而且还能兴致勃勃地投入到学习中去。

YES! 矫正偏科靠兴趣

家教箴言：想办法多让孩子接触一些与他不喜欢的学科有关的趣闻轶事，这样可以逐渐消除孩子心理上的抵触感。

对于看过的旧报刊你会怎样处理呢？用它来擦玻璃，将它卖到废品站还是直接扔掉？聪明的妈妈会开动脑筋，将旧报刊变为轻松增长孩子知识的一道“营养餐”——剪贴报。

这道“营养餐”的菜谱是这样的：

1．给孩子一些旧报刊，让孩子从中找寻自己感兴趣的内容，并把它们用剪刀剪下来。在孩子剪贴文摘和图片前，提醒孩子在使用剪刀时要注意安全。为了剪贴报的美观，建议孩子在裁剪时，文摘和图片周围不要留太多空白。

2．把剪下来的文章和图片粘贴在专门的笔记本上。剪贴内容可以按照下页图示的方式进行分类。

当然，也可以按照不同主题进行分类。比如“科技类”“体育类”“图画类”“时事类”等。但无论哪一种分类，都应该要求孩子写出自己的感想和收获。

3．在粘贴剪报时，可以指导孩子使用固体胶或双面胶，以保持纸张的整洁。

4．让孩子为剪贴报的四周增添图案、花边等，以美化小报。

报刊文章栏

用红笔标出好句好段，并且简单写一写好在哪里。

报刊图片栏

图片说明：
我的感想：

照片栏

照片介绍：
我的感想：

刚开始的时候，为了激发孩子的兴趣，我们大可不必限制孩子的剪报范围，只要是孩子感兴趣的，哪怕是一则笑话、一句名言都可以。在剪贴报做完后，我们还可以鼓励孩子在剪贴报的空白处点缀上可爱的卡通纸。

孩子看着自己亲手完成的剪贴报，相信他们增长的不仅仅是知识，对学习的热爱也会在不知不觉中得到提高。

识字剪贴报。为了让孩子快乐地学习生字，我们还可以让孩子制作“识字剪贴报”。鼓励孩子自己动手搜集报纸、宣传单、包装盒或卡片等，凡是发现自己认识或者感兴趣的生字，孩子都可以将其剪下来贴在剪贴报上。让孩子试一试，孩子一定会开拓出更广阔的识字空间。

09 画一画就能掌握

很多孩子都对学习地理课感到很头疼：历史知识背一背就可以过关，可是枯燥的地理怎么也弄不懂，尤其是那些行政区域图。其实，孩子存在这样的问题是很正常的，处于小学阶段的孩子年龄小，对地理方位的意识不是很明确，一下子掌握那么多政区的位置和名称对他们来说是很有难度的。

为了解决这个问题，家长可以为孩子买一套中国政区的游戏拼图，让孩子亲自动手拼一拼，一方面可以让孩子了解到各个省市区的形状及地理位置，另一方面还可以勾起他们的求知欲。当然，这种拼图不一定要买，运用以下方式仍然可以达到上述效果。比如，让孩子画一画下面的政区简化图，简单的图案里充满了乐趣。

1. 机器人图

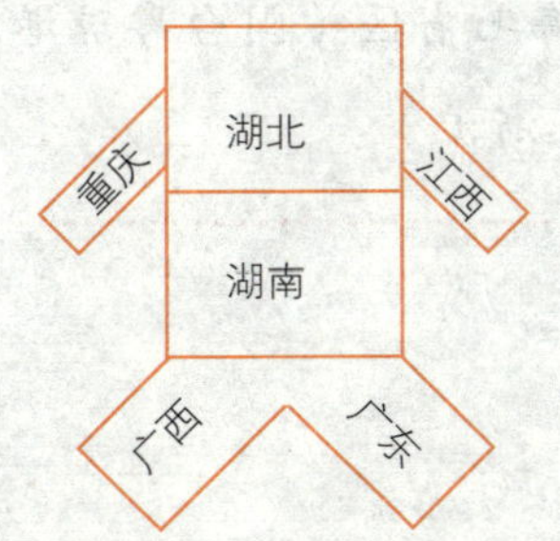

2. 千字图　　3. 镰刀图

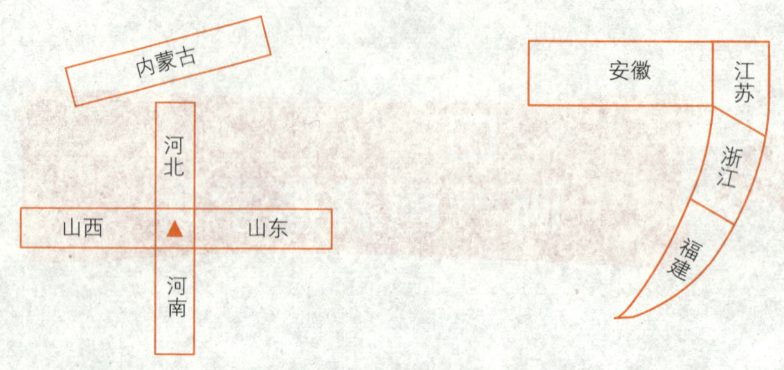

和地理拼图相比，这种方法更简单、便捷，有益于孩子记忆力的提高。除此之外，我们还可以用政区图的形状特征来教孩子识记和辨别。比如可以把云南省看做一只美丽的孔雀，把台湾省看做一只倾斜的菠萝等。发挥想象力，相信孩子很快就可以完全掌握政区图了！

分区记忆政区图。按照政区的不同划分来记忆政区的形状和位置，也是一个不错的方法。比如：①东北三省（黑吉辽）；②北部一区（内蒙古）；③西北五省区（陕甘宁青新）；④西南五省市区（云贵川渝藏）；⑤黄河中下游及华北平原六省市（晋鲁冀豫京津）；⑥南部沿海七省区（闽台粤琼港澳桂）；⑦长江中下游七省市（鄂湘皖赣苏浙沪）。

10 让数学幽默起来

我们都知道，数学是一门严谨的学科，孩子在做题的时候稍不留意就会出错，因此很多孩子往往会“谈数色变”。

“我最讨厌做数学题了，总是出错。”

“我也是呀，一算数我就错。”

……

那么，家长该怎样做才能重新树立起孩子对数学的信心，让他们体会学习数学的快乐呢？大家不妨试试以下几个小招数：

1. 看车牌学计算

带孩子坐车出去游玩时，我们可以让孩子多看看路上的汽车车牌，比如前面的车牌号码是69845，那么我们就可以问问孩子：6×9+8+4+5=?再比如吃西瓜时，我们将西瓜分成16份，拿走其中的4份，问问孩子剩下的西瓜份数是拿走的几倍。

2. 连线游戏

让孩子把下面相等的数字用线连起来。

3.10	66.2030
0.017	0.09
66.203	3.100
0.090	0.170

很多粗心的孩子会把0.017与0.170连起来了。这是没有细心观察的结果。通过多做一些这样的训练，孩子对数学题目就会变得敏锐起来。

3. 口算抢答

口算是数学计算的基础，只有口算达到非常熟练的程度，孩子才能通过计算关，并且形成良好的计算能力。我们在家里可以开展一场“口算我最快”的游戏，让全体家庭成员一起参加。游戏开始前先选出一名主持人，主持人准备好50道口算题要求大家快速抢答，在规定时间内抢答次数最多的为获胜者，当然我们要有意识地多把回答的机会留给孩子。

当我们把数学中严谨的计算题目和生活中有趣的事情结合起来的时候，相信孩子一定可以从中学到更多，变得越来越喜欢数学。

状元妈妈这样做

一步一回头保证正确率。孩子的很多计算错误往往是由于没有细心检查所引起的。因此，针对那些特别粗心的孩子，妈妈要告诉他，在做完每一道题目后都要认真检查，而且要养成“一步一回头”的检查习惯，即在计算时做一步回头检查一步。检查数字和符号抄写是不是正确，结果是否准确，由上一步能否推出下一步等。

11 简单有趣的手指操

瑞士著名心理学家皮亚杰说：“思维是从动作开始的，切断了动作和它们之间的联系，思维就得不到发展。”家长如果能通过一些动手活动来锻炼孩子的思维能力，对于孩子的学习，尤其是数学学习是十分有益的。

比如，孩子在学习加减法时，对20以内的进位加法和退位减法感到有些困难，下面这套“数学手指操”就十分有效。

1. 加法

“9+2”。在读出“九加二”的同时让孩子出示两个指头，折起一个指头给九凑成“十”，所以会剩下一个指头，把之前凑成的“十”和“一”合起来就是“十一”，即“9+2=11”。

“9+3”。就是出示三个指头，折起一个指头，剩下两个指头，就等于“十二”，即“9+3=12”。

同样用手指来折出：9+4=13、9+5=14、9+6=15、9+7=16、9+8=17。

“八加几”的运算时，折起两个指头即可。

同样，“七加几”“六加几”“五加几”……也同样用手指可以折出它们的得数，这就是进位加的“手指操”。

2. 减法

“11－9”。在读出“十一减九”的同时让孩子出示11的个位上的一个指头，因为十减去九后，还剩下一，所以要添上一个指头，合起来是两个指头，所以“11－9=2”。

“12－9”。就是出示两个指头，添上一个指头，合起来是三个指头，所以“12－9=3”。

同样，“12－8”就是出示两个指头，添上两个指头，合起来是四个指头，所以“12－8=4”。

十几减七、十几减六、十几减五……孩子都可以用这套手指操进行运算。

在孩子熟练掌握上述方法后，我们可以出几道相关的题目，让孩子在规定的几秒内作答，相信孩子一定可以从中得到更多的乐趣。

摆摆小东西也能学算数。对于数学刚入门的孩子来说，我们还可以为他们提供小物品辅助学习。例如，孩子不会算14减5，那么我们就可以取来14粒蚕豆，让他们自己撤掉5粒，剩下多少粒就是答案。孩子在前期用好了实物这个“拐棍”，后期才能自己行走。

12

汉字可以这样学

根据语文新课标教学大纲的要求，小学生必须学会2500个左右的常用汉字，而低年级的学生要掌握的汉字则在2000个左右。可见新的课程改革把低年级学生的识字任务列入了重中之重。

低年级的孩子年龄小，注意力不稳定、不持久，且常与兴趣密切相关。生动、具体、新颖的事物，较易引起他们的兴趣和注意，而对于比较抽象的概念、定理，他们则不感兴趣，因而不易长时间地集中注意力。因此，家长要想提高孩子的识字能力，增强识字效果，就应该多寻找那些可以增强孩子注意力，又能提高他们兴趣的方法。

1. 啄木鸟帮大树治病

妈妈在白纸上画一棵大树，树叶上写上孩子需要识记的汉字，这些汉字有的是正确的，有的是错误的。让孩子扮演小啄木鸟，帮助大树找出含有错字的树叶，并将它改正。

2. 小蜜蜂采花蜜

孩子戴上小蜜蜂的头饰，妈妈戴上花朵的头饰。孩子在轻快的音乐声中“飞”到妈妈身边。妈妈让孩子读出她手中的汉字卡片，并要求孩子用这个汉字组一个词语。比如妈妈手里的汉字是“勤”，那么孩子读出“勤”字，并说出词语“勤劳”或者“勤快”。孩子读出后，妈妈就把汉字卡片交给孩子，孩子采“蜜”成功。

这两种游戏只是家长辅导孩子学汉字的冰山一角，我们完全可以充分利用身边的教材来帮助孩子，比如街上引人注目的广告牌、物品标牌、包装袋、家庭里各式生活用品、电视里的少儿节目等。利用这些鲜活的教材教孩子，孩子的识字效果一定会出乎意料。

猜字谜学汉字。猜字谜学汉字是利用编谜语和猜谜语的方式帮助孩子认识生字的一种方法。这种方法适用于字架结构比较简单，每个部件之间又有一定联系的汉字。比如：“一口咬掉牛尾巴”（告）；“一点一横，叉叉顶门”（文）；“思想不集中”（念）；“右看它是马，左看马靠它。像马不是马，它比马儿大”（驼）。妈妈出谜语让孩子猜一猜，不但可以活跃孩子的思维，而且孩子在“猜”的过程中，可以很自然地理解和掌握生字的字形和字义。

孩子，你是小啄木鸟，请帮大树找出含有错别字的果子。

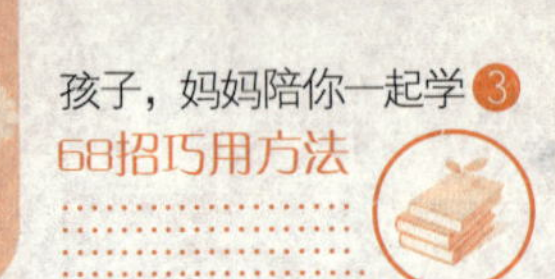

13 绿灯行，红灯停

孩子在学习汉字时，难免会遇到一些不认识的生字，对于这部分生字我们该怎样指导孩子学习呢？

日本著名心理学家多湖辉曾用过一种很有趣的方法来解决这个问题：在他打开字典查找生字的时候，他会首先用红笔在所查生字的下面画一道横线。如果下次遇到这个生字，自己还是记不起来，他会翻开字典，在这个字下面再画一道横线。如此反复，直到对这个生字不再陌生为止。通过使用这种方法，他记住了大量的生字。

我们也不妨指导孩子尝试一下这种方法，把不同难度的生字用“红绿灯”来表示：如果在一个生字的下面孩子只画了一道横线后就掌握了，那么这个汉字就是学习中的“绿灯”，可以直接通过；如果孩子画了三道横线之后才掌握，那么这个字就是学习中的“黄灯”，就需要通过多看或者多写来重点掌握；超过三道横线的则是学习中的“红灯”，孩子需要通过反复默写，对生词组词造句来强化记忆。对红灯、黄灯、绿灯的使用情况，可以制作出下面的卡片。

绿灯词
（全部掌握）

黄灯词
（多次书写后掌握）

红灯词
（默写后掌握）

我用这些词语造句：

1.

2.

3.

遇到生字时用字典把生字查一查，动笔把生字画一画，这种在写写画画中学习的方法不仅可以增强孩子的动手能力，丰富知识积累，还可以让孩子得到更多的快乐。“咦？这里有一个黄灯，我查过三次呢，这个字以前是在什么地方出现过呢？”带着这些疑问，孩子又可以联想起以前学过

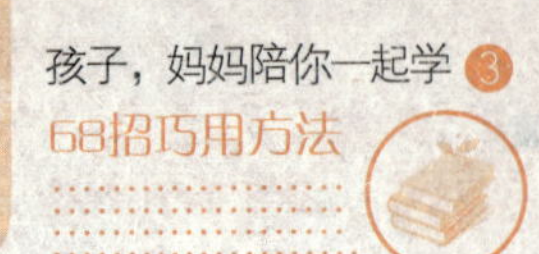

的知识，从而对旧知识的印象会更加深刻。

生字代入句子。当孩子对生字有一个初步了解后，妈妈可以让孩子把这个字代入句子中去学习。比如孩子不认识的生字是“惯”字，那么我们可以先问问孩子：“‘惯’可以用来组成什么样的词语呢？你能用所组的词语说一个句子吗？”经常问一问孩子这样的问题，孩子就可以从语境中体味生字的用法，从而对该生字的认识也会更加深刻。

YES! 勤查字典

家教箴言：提醒孩子，阅读时遇到生字，一定要及时用字典查一查，养成勤查字典的好习惯。

14 把课文变成“问题竞赛”

“孩子一看语文课本就头疼，提不起一点热情，怎样勾起孩子的学习欲望呢？”这是来自河南省郑州市的一位家长的来信。

对于这个问题，江苏省姜堰市罗塘小学的谢翠萍老师和谢志宏老师为我们提供了一种新的方法：把阅读课文变成“问题竞赛”。运用这个方法，孩子可以从问题中找到学习的快乐，加深对课文知识的理解。

以孩子阅读《海底世界》这一篇课文为例，我们可以教孩子这样做：先把课文读一读，之后再把课文中讲到的重要内容划出来，然后回答家长的提问：海底最奇异的景色是什么？海里爬得最慢的动物是什么？海底最丰富的矿物是什么？等等。让孩子回到课文中去寻找答案。

1．海底最奇异的景色是：“黑暗”中有“光点闪烁”，“宁静”中有“各种声音”。

2．海里爬得最慢的动物是：海参。

3．海底最丰富的矿物是：煤、铁、石油、天然气和稀有金属。

4．海里游得最快的动物是：梭子鱼。

5．海里最喜欢后退着前进的动物是：乌贼和章鱼。

6．海底形体最小的植物是：单细胞海藻。

7. 海里最喜爱做免费长途旅行的动物是：贝类。

8. 海底形体最大的植物是：长达二三百米的水藻。

家长做“考官”负责出问题，孩子负责从课文中找答案。或者让孩子当“考官”，家长变成“参赛者”来回答。看看孩子出的题目能不能难倒“参赛者”，或者能不能全部答对“考官”提出的问题。

状元妈妈这样做

找一找学得快。有些课文并不能以问题竞赛的形式考查孩子，这时妈妈不妨问问孩子：课文中你觉得最优美的句子是哪句？你觉得最难写的生字是哪个？你觉得语言最生动的是哪一个段落？多问一问孩子，孩子会学得更扎实，也更有收获。

/第二章/

学得好还要记得牢

一切智慧的根源都在于记忆。如果把智力比做一座工厂，那么记忆就是一座原料仓库。没有原料，工厂便无法开工。所以说，学得好还要记得牢，这样的学习才是高效的。

15 观察是记忆的眼睛

经常会听到一些家长抱怨说：“我家孩子好像什么都记不住，往往是今天记住了东西，睡一觉就忘得一干二净了。”存在上述现象的孩子不在少数，那么孩子良好的记忆能力到底该怎么培养呢？

有一位家长，为了锻炼孩子的记忆能力，每次带孩子外出时，他都要求孩子记住行走的路线，注意观察周围及拐弯处有什么特点，同一个站牌处会有哪几辆公交车停靠等。然后等到返回时，就会要求孩子带路。经过一段时间的观察和锻炼，每次出门孩子都能顺利地带着爸爸妈妈回家。孩子的观察能力得到了锻炼，记忆力也随之提升了。正如列宁所说的：“如果把记忆看做是储存知识的仓库，那么观察好比是摄取知识的大门。”

那么，提升孩子观察能力的方法有哪些呢？

1. 观察数字

从两位数开始，制作一些数字卡片给孩子看，如11、16、17，每个数字卡片之间保持1秒钟的间隔，之后让孩子写下所看到的数字。在孩子能够轻松记忆两位数字之后，可将数字增至3位，甚至4位、5位……

2. 观察实物

指导孩子观察商店的橱窗，然后复述陈列的商品；观察文具盒里的物品，然后复述盒中共有多少件文具；观察公园里的花坛，然后复述有几种颜色的花等。

3. 激发孩子的观察欲望

让孩子感受观察的乐趣，才能使他主动地进行观察活动。比如我们可以让孩子留意一下家人的特点，比如爸爸喜欢穿什么衣服，妈妈喜欢吃什么食物，奶奶有什么动作特点等；如果家里有动植物，我们还可以鼓励孩子观察它们的生长变化和生存条件等。

观察的内容是多种多样的，不管是在家中还是在户外，我们都可以很轻松地为孩子找到观察对象，比如白云的瞬息变化、行人的千姿百态、植物的争奇斗艳、昆虫的蜕变活动，以及建筑、车辆、小商店的特征等。让孩子多多观察，孩子才能学得好，记得牢。

闭上眼睛再回想。大画家达·芬奇常常要求他的学生观察某一物体，然后闭上眼睛，慢慢地回想它所有的细节。之后再让学生睁开眼重新看一看这个物体，并检查一下自己头脑中的印象有多少和原物相符合，有多少不符合。同样，妈妈也可以利用这个方法帮助孩子记忆生字。先让孩子观察生字的写法，之后闭上眼睛回想，最后将生字默写出来。如果一次不行就重复几次，效果会更好。

16

联系起来想一想

辽宁黑山北关实验学校和北京景山小学给低年级的孩子们做过一个记忆实验，这个实验证明，有一种联想记忆识字的方法，可以使学生在两年内认字2500个，并能阅读一般的书籍和报纸。

这是一种什么方法呢？简单说，就是把字形、字音相近，能互相引起联想的字编成一组一组，比如把“扬、肠、场、畅、汤”编成一组进行记忆，把“情、清、请、晴、睛”编成一组进行记忆。每组汉字的右边都是相同的，每组字的汉语拼音也有着很大的共性，前一组的拼音韵母都是“ang”，后一组的韵母都是“ing”，通过这样人为的联系，孩子不仅学得快，而且记得牢。

同样，俄罗斯心理学家戈洛万·斯塔林茨用实验表明，任何几个概念，都可以经过四五个阶段建立起联想。比如“木质”和“皮球”就可以通过中间环节这样联系：木质——树木——田野——足球场——皮球；再比如“天空”和“茶”，我们可以这样联想：天空——土地——水——喝——茶。

尽管看一眼这几个简单的词我们也可以将其掌握，但是如果能做到由A想到B，再由B想到C，这种联想方式就能使我们的记忆更加长久，记忆起来也会更加轻松。

家长指导孩子记忆时，是不是也可以利用这种联系的方法呢？答案是肯定的。

例如，在记忆英语单词时，可以通过单词之间的联系建立联想，帮助孩子轻松记忆。以记忆care这个英语单词为例，可以让孩子想一想：care的形容词形式是什么？副词形式是什么？反义词又是什么？在记sea和season这两个单词时，可以教孩子这样联想："大海是季节的儿子。"再比如，单词tree中的"tr"可以联想为树干和树枝，而"ee"则是树叶；eye中的两个"e"是两只眼睛，中间的"y"是鼻子；banana中的"a"是一个一个的香蕉。bird中的"b"和"d"是两扇翅膀；等等。

学习汉字时也可以大胆联想。比如"哭"字，可以让孩子展开想象，说说"哭"中的那一点看着像什么；学习"鸟"字时，说说"鸟"字中的那一点又是什么。在孩子难以区分"买"和"卖"时，我们可以教孩子这样联想：人们通常是缺少了什么东西才会去买，所以"买"字恰恰比"卖"字少了一个"十"字头。

家长在进行适当引导之后，就可以放手让孩子自由地联想了。只要能记住知识，就是好的联想方式。

搭配联想记忆。英语中，以一个词为中心搭配不同的词，可以构成新的短语。这种语言现象非常多，比如含有get的短语有：get ready for（为…… 做准备）、get up（起床）、get on with（与人相处）、get down（下来）、get dressed（穿衣服）、get back（取回，回来）、get on（上车）、get off（下车）、（get to）到达、get out of（从……出来）、get lost（迷路）等。将含有同一个词的短语放在一起记忆，会轻松很多。

17 分好门类，各归各位

请先和孩子做一做下面的这个小游戏：

1. 把猫、帽子、狗、挂钟、桌子、衣柜、眼镜、鹦鹉、鞋子、戒指这十种物品分别写在卡片上，让孩子一一记忆。记录从游戏开始到孩子成功说出所有物品所用的时间。

2. 三天后，另外选择十种物品写在卡片上。这一次指导孩子进行分类记忆，先把这些物品分为动物类、衣物饰品类、家具类等，然后开始记忆。这一次也记录好孩子所用时间。

在做过这个小游戏之后，你应该能明显发现，孩子用第二种方法记忆的时间更短，而且记忆得更加牢固。这是什么原因呢？其实，孩子对物品进行分类的过程，就是一个理解和记忆的过程，分类时孩子就一边理解、一边记忆了。

在面临任务量较大的记忆工作，比如考前复习时，孩子就可以采用这种分类记忆法：

1. 将学过的语文词语按照生活用品、动物、植物、水果、食品、家庭成员、人体部位、学习用具、学科、交通工具、地方场所、星期、月份、季节等进行分类。

2. 对所学字词按照同音字、形近字、同义词、反义词等进行分类。

3. 对所学的英语单词按照方位、星期、数量、颜色、心情、天气等进行分类。

需要注意的是：在指导孩子进行分类记忆时，最好提醒孩子将所分类别以表格的形式整理出来。这样做出来的表格一目了然，更有利于孩子记忆。如：

单词类别	单词
水果	apple，peach，orange，banana，pear
颜色	white，yellow，blue，red，green，black
天气	fog，cloudy，sunny，rainny

经常使用分类记忆，当孩子遇到某个类别中的一个知识点，头脑中便会出现该类别的其他知识，记忆效率自然会大大提高。

按意义进行分类。记忆英语单词时，妈妈还可以指导孩子把表示同一个意义但又略微有区别的单词放在一起记忆，比如表示“风”的英语单词有cyclone（旋风）、breeze（微风）、gust（阵风）、hurricane（飓风）等，把它们放在一起记忆，也可以提高孩子的记忆效果。

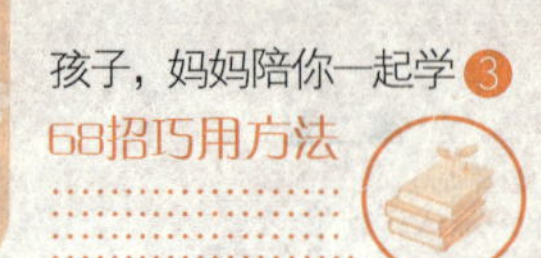

18 循环记忆法（一）

有关科学实验表明，当人脑第一次接触某个信息时，该信息在大脑里仅维持1毫秒的时间；第二次接触该信息，记忆维持1秒左右；第三次接触，能维持一分钟左右；第四次接触，能维持半个小时；第五次，能维持一两个小时；第六次，能维持八个小时；第七次，可维持十几个小时。如果隔天进行重复，则记忆可持续更久。

可见，对信息的多次接触是人形成长久记忆的重要因素。因此，利用人脑的这个记忆特点，我们可以教孩子使用“双双递进循环法记忆”。此种方法对孩子记忆数学公式、语文词组、英语单词等这样的“小零件”尤其奏效。

具体该怎样使用这种方法呢？以记忆英语单词为例，我们可以指导孩子进行如下操作：

1. 将单词进行分组。以40个单词为例，分为“Ⅰ～Ⅷ”8组，每组5个单词。

2. 分组之后，按照“（1）～（23）”的步骤进行循环记忆。

Ⅰ △△△△△	(1)	(2)	(5)	(11)	(23)
Ⅱ △△△△△	(3)	(4)			
Ⅲ △△△△△	(6)	(7)	(10)		
Ⅳ △△△△△	(8)	(9)			
Ⅴ △△△△△	(12)	(13)	(16)	(22)	
Ⅵ △△△△△	(14)	(15)			
Ⅶ △△△△△	(17)	(18)	(21)		
Ⅷ △△△△△	(19)	(20)			

(1) 学习并记忆Ⅰ组单词；

(2) 复习Ⅰ组单词；

(3) 学习并记忆Ⅱ组单词；

(4) 复习Ⅱ组单词；

(5) 复习Ⅰ、Ⅱ两组单词，此时为第一个小循环；

(6) 学习并记忆Ⅲ组单词；

(7) 复习Ⅲ组单词；

(8) 学习并记忆Ⅳ组单词；

(9) 复习Ⅳ组单词；

(10) 复习Ⅲ、Ⅳ两组单词，此时为第二个小循环；

(11) 全面复习巩固Ⅰ、Ⅱ、Ⅲ、Ⅳ组单词，构成一个中型循环。

按此步骤进行，直到 (23) 步的大循环。

在教孩子使用这种方法后，你不难发现此种方法的好处有三：1. 在遗忘的临界点循环重复几次，孩子就可以用最短的时间记住单词。2. 在孩子熟练掌握该方法后，一小时就可以记住多个小知识点。3. 方法简单，孩子容易操作。

识记与复习。在孩子刚开始进行循环记忆时，需要首先掌握好单词的拼写和释义，即单词怎么拼写，单词的中文解释是什么。之后再复习的时候，孩子要抛开中文释义，尽量回忆该单词的意思，记不住的单词要做记号，再做重点记忆。

19 循环记忆法（二）

前面我们讲解了“双双递进循环法”的应用，和这种记忆方法相似的是“链条相扣循环法”，这也是循环记忆法的一个分支。它与“双双递进循环法”的区别是：该方法前一组需要识记的单词也是下一个循环需要复习的单词。下面我们就来看看这种方法的具体应用吧。

1. 将单词进行分组。
2. 按照下述步骤进行循环记忆。

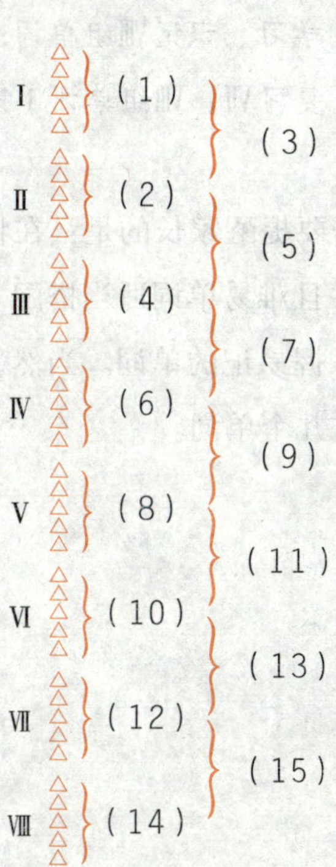

（1）学习、识记Ⅰ组单词；

（2）学习、识记Ⅱ组单词；

（3）复习Ⅰ、Ⅱ组单词（第一个小循环）；

（4）学习、识记Ⅲ组单词；

（5）复习Ⅱ、Ⅲ组单词（第二个小循环）；

（6）学习、识记Ⅳ组单词；

（7）复习Ⅲ、Ⅳ组单词（第三个小循环）；

（8）学习、识记Ⅴ组单词；

（9）复习Ⅳ、Ⅴ组单词（第四个小循环）；

（10）学习、识记Ⅵ组单词；

（11）复习Ⅴ、Ⅵ组单词（第五个小循环）；

（12）学习、识记Ⅶ组单词；

（13）复习Ⅵ、Ⅶ组单词（第六个小循环）；

（14）学习、识记Ⅷ组单词；

（15）复习Ⅶ、Ⅷ组单词（第七个小循环）。

最后需要提醒家长的是：在将单词进行分组的时候，每组单词以3～5个为宜，并且难易单词适当搭配。这样有利于孩子集中精力解决难记的单词，轻松掌握易记的单词。当然，如果孩子记忆能力强的话，我们也可以适当多安排几个单词。

大段的时间用来记忆。针对这两种不同形式的循环法，孩子觉得哪个比较简单易行就选择哪一种。利用循环记忆法的时间最好安排在：1. 孩子作业不太多的那一天。2. 孩子晚上入睡前或者早晨起床后的一段时间。3. 节假日或双休日。因为在这些大段时间内，孩子可以更好地集中精力记忆。

NO! 只记一次不牢靠

家教箴言：重复是最佳的记忆方式。在遗忘的临界点循环重复几次，孩子就可以用最短的时间记住单词。

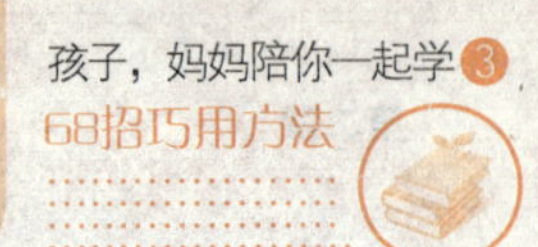

20 神奇的首尾记忆法

在孩子学唱歌的时候，不知道你有没有发现这样一种现象：孩子总是能记得住开头和结尾的歌词，但对中间部分的歌词却很容易忘记。

心理学对这种现象给出的解释是：在记忆过程中，先记住的事物对后记忆的事物有抑制作用，叫后遗抑制；后记住的事物对先记住的事物也有抑制作用，叫倒摄抑制。比如记A、B、C、D、E、F这六个字母，开头A和结尾F只受单向抑制，而中间部分B、C、D、E则受双向抑制，越是中间的部分，受到的抑制越强烈。这正是孩子记不住中间内容的原因。

了解了这个原理，我们在指导孩子记忆时，就可以采用打乱记忆顺序，增加多个开头和结尾的方法。比如记忆下面五个单词，我们就可以要求孩子这样记：

least　review　important　hike　send

第一次记忆顺序：

least　review　important　hike　send

第二次记忆顺序：

review　important　hike　send　least

第三次记忆顺序：

important hike send least review

第四次记忆顺序：

hike send least review important

第五次记忆顺序：

send least review important hike

假设孩子每一次只能记住开头和结尾两个单词，那么按照第一种顺序时，孩子很容易记住的是least和send两个单词，而第二种顺序时孩子记住的单词则是review和least，以次类推，五次记忆下来，孩子会记住所有的单词，这就是首尾记忆法的神奇所在！

首尾记忆法的其他应用。首尾记忆法的关键，是要把识记的材料放在首尾位置上。比如，在记忆较长的识记资料时，把它分成几个部分，这样使每一部分都出现了首尾；其次，我们可以指导孩子不要长时间做同一科目的作业，尽量使前后相邻的学习内容截然不同，或者将困难的作业和容易的作业交替进行。这样通过人为地制造开头和结尾，孩子一定会记得更准确更牢固。

21 口诀记忆最轻松

为了记忆方便，老师会教同学们将地理的名词编成小的顺口溜或口诀。比如四大著名石窟，我们会记作：“一个叫云龙的人卖（麦）馍（莫）。”“云”指“云岗石窟”，“龙”指“龙门石窟”，“麦”指“麦积山石窟”，“莫”指“莫高窟”。这样背起来非常容易，而且在考试时还可以运用自如。

口诀之所以能起到这么大的作用，是因为它短小精悍，涵盖了最重要的记忆信息，并且读起来朗朗上口。所以，家长在指导孩子记忆时，不妨也借鉴这种方法。比如：

1. 标点位置

标点位置应规范，不能随意乱安放；
常用符号十六种，各有自己小地盘。
句问感叹句末住，顿逗分冒句中安；
七种点号各一格，不在行头占地方。
引号括号书名号，前后各把一格占；
前边不许留行后，后边不准到行前。
破折省略占两格，不可割成两半段；

专名着重标字下，间隔连接词语间。

2. 多位数读法歌

读数要从高位起，哪位是几就读几。
每级末尾若有零，不必读出记心里。
其他数位连续零，只读一个就可以。
万级末尾加读万，亿级末尾加读亿。

3. 多位数写法歌

写数要从高位起，哪位是几就写几。
哪一位上没单位，用零占位要牢记。

4. 多位数大小比较歌

位数不同比大小，位数多的大，位数少的小。
位数相同比在小，高位比起就知道。

5. 地球的形状

赤道鼓，两极扁；北极长，南极短。

6. be的用法

我用am，你用are，is连着他、她、它。
单数名词用is，复数名词全用are。
变疑问，往前提，句末问号莫丢弃。
变否定，更容易，be后not莫忘记。
疑问否定任你变，句首大写莫迟疑。

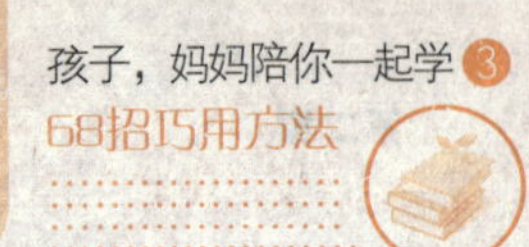

7. 中国历史朝代

盘古三皇五帝更，夏商周（西周、东周）秦两汉（西汉、东汉）成，蜀魏吴争晋（西晋、东晋）南北（南北朝），隋唐五代宋（包括辽、金）元明清。（注：三皇指伏羲、燧人、神农，五帝指黄帝、颛顼、帝喾、唐尧、虞舜。）

这些口诀其实都不需要我们亲自编写，口诀的来源可以是网络，也可以是报刊。当然，在教孩子利用口诀记忆时，一定要把口诀的具体应用也讲给孩子听，以帮助他们在正确理解的前提下运用口诀，解决实际问题。

妙用词典和图书。一些词典和图书中，有不少制作精美的彩图，对孩子记单词很有帮助。比如《朗文英汉双解活用词典》中，就有18幅全页彩图，比如“汽车”“机场”“教室”“家”“体育运动”“动作动词”等，看了这些插图，至少能记住近200个单词。

22 简化材料记一记

我们都知道，识记要用的时间一般会随着识记材料数量的增加而增加。即识记的数量越多，所花的时间也越多。比如识记7个音节的单词，识记时间可能为几秒，而识记36音节的词，识记总时间则可能为几百秒。当然，这种结论也不是一成不变的，关键是我们有没有找到一种有效的识记方式。美国著名物理学家爱因斯坦的故事或许可以带给我们新的启发。

爱因斯坦的一位女性朋友，给他打来电话，最后她让爱因斯坦把她的电话号码记下来，以便以后通电话。“我的电话号码很长，挺难记。”“说吧，我听着。”爱因斯坦并没有拿起笔。“24361。”“这有什么难记的？两打与十九的平方，我记住了。”爱因斯坦用的这种记忆方法就是“简化记忆法”，它是将繁杂材料简化成简单材料的一种记忆方法。

那么，孩子可以怎样简化记忆内容呢？

1. 首字简化法

比如柳宗元的《江雪》一诗，提取每一句的首字，我们可以指导孩子记为“千（千山鸟飞绝）万（万径人踪灭）孤（孤舟蓑笠翁）独（独钓寒江雪）”。

2. 划分简化法

这种方式在记忆英语单词时尤其见效。比如单词volunteer（志愿者）有9个字母，孩子可能一下子难以记住，但是如果我们把这个单词划分为3个部分——“vo”“lun”“teer”，那么，孩子记忆的信息量就由9个减少到了3个，更方便记忆。

3. 概括简化法

这是一种把识记资料加以概括的记忆方法。比如在孩子记忆《马关条约》的内容时，我们可以指导孩子这样概括：割三地（中国割让台湾岛及所有附属各岛屿、澎湖列岛和辽东半岛给日本）、赔二亿（中国赔偿日本军费2亿两）、开四口（中国开放沙市、重庆、苏州、杭州为商埠）、开厂免内税（允许日本人在中国通商口岸设立领事馆和工厂及输入各种机器）。

4. 关键字简化法

从前，有只老虎抓到了一只狐狸。狐狸说：“你不敢吃我！我是天上的神仙派来的！”老虎不信，说：“我一定要吃了你！”狐狸说：“如果你吃掉我，就是违背天帝的命令！”老虎有些犹豫了，不知道该不该吃掉狐狸。狐狸说：“你要是不信的话，就跟我一起走，看大家是不是都怕我。”老虎觉得有道理，就按照狐狸说的做。结果，路上的动物看见它们都害怕地逃走了。老虎相信了狐狸的话，把狐狸放走了。其实，野兽真正害怕的是老虎。

运用关键字简化法，这个故事我们可以指导孩子只记老虎、狐狸、吃了你、命令、一起走、动物、害怕、逃走这几个关键词。让孩子多读几遍材料后，再看着这几个关键字复述故事，相信孩子能很轻松地回忆出这个故事。

当孩子面临很难记住的内容时，家长用简化记忆法指导一下，一定可以解决这个难题!

汉字的增删。妈妈可以运用汉字之间的联系，达到帮助孩子简化记忆的目的。比如孩子要记忆“骂”字，那么妈妈可以问问他，“马”在更换偏旁后，还可以组成哪些新的汉字，比如吗、妈、码、蚂；或者换一种问法，鸣、鸡、鸭、鹅、鹏这几个汉字中都带有的汉字是哪一个。这就是汉字之间的简化记忆，通过这种增与减的方法，孩子一定可以在固定时间内学到更多的汉字。

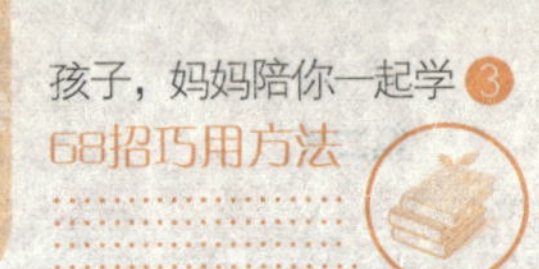

23 化零为整的归纳记忆

人们在买葡萄的时候，往往会先尝一尝。如果我们尝的几粒葡萄都很甜，那么就会归纳出所有的葡萄都是甜的，于是放心地买上几大串。人们在进行归纳的时候，往往会加入自己的思考，而这恰恰帮助了大脑的记忆。

同样的道理，在学习时如果可以将相关的知识归纳到一起，就能加强知识之间的相互联系，使零散的知识系统化。比如在孩子学完一个单元之后，家长可以指导孩子利用框图或者表格，将一周的知识进行归纳和总结，以便使各部分知识之间的联系一目了然。以数学的小数部分知识为例，我们可以指导孩子这样做（在表格中写清要归纳的内容，将相应的知识点和例子统一填入表格）：

小数的分类

知识点	举例
纯小数：整数部分是零的小数，叫做纯小数。	0.25、0.368
带小数：整数部分不是零的小数，叫做带小数。	3.25、5.26

有限小数：小数部分的数位是有限的小数，叫做有限小数。	41.7、25.3、0.23
无限小数：小数部分的数位是无限的小数，叫做无限小数。	3.1415926……
无限不循环小数：一个数的小数部分，数字排列无规律且位数无限，这样的小数叫做无限不循环小数。	2.718281828459045……
循环小数：一个数的小数部分，有一个数字或者几个数字依次不断重复出现，这个数叫做循环小数。	3.555…… 0.0333…… 12.109109……
循环节：一个循环小数的小数部分，依次不断重复出现的数字叫做这个循环小数的循环节。	3.99 ……的循环节是“9”。 0.5454 ……的循环节是“54”。

在将知识点归纳清楚之后，掌握了一个知识点，与之联系的知识点也就相应掌握了。孩子不仅学得轻松，记得也会更加牢固。

状元妈妈这样做

数字归纳法。很多记忆内容都是可以通过数字来归纳的。比如隋朝大运河的开通时间、流经地域和历史意义等，可归纳为“一二三四五六”来记忆：一条南北交通大动脉；隋朝第二代皇帝隋炀帝开凿；跨越三大城市，即以洛阳为中心，北达涿郡，南至余杭；全长分四段：永济渠、通济渠、邗沟、江南河；连接五大河流：海河、黄河、淮河、长江和钱塘江；流经六省：冀、鲁、豫、皖、苏、浙。抓住数字这条记忆主线，孩子会记得更全面。

YES！高度浓缩记忆

家教箴言：教会孩子把要记忆的内容高度浓缩，看见一个字、一个词，便可迅速回忆起全部内容。这样可以大大提高效率，节省时间。

24 有比较才有区分

语文课上，老师要求同学们在五分钟内用字典查出“己、已、巳”这三个字的区别，并记住。很快，五分钟过去了，老师一检查，发现大部分同学都没有记牢，一小部分记住的同学也是靠死记硬背过关的。这时候，老师点班长乐乐起来回答，乐乐回答说：“‘己’是自己的‘己’，‘已’是已经的‘已’，‘巳’是干支次序表中的‘巳’。记忆的时候，我比较了一下这三个字，发现它们的外形很相似，但是它们的不同之处就在封口上，于是，我将这三个字记忆为‘不封口为己，半封口为已，全封口为巳’。”听了乐乐的回答，同学们都感觉受益匪浅，老师也非常高兴。

这种对相似知识进行比较记忆的方法叫“比较记忆法”，这种方法能够很有效地提高记忆效果。这是因为在对知识进行比较的过程中，记忆者需要独立思考、分析异同、究其因果，从而使大脑思维能力得到了训练，加深了记忆。

比较记忆的具体形式可以参照以下几个例子进行：

1．同义词比较：让孩子找出与所记词语相同或相近的词，从而掌握词义。例如快乐一词的同义词有愉快、高兴、开心等。

2．反义词比较：让孩子找出词语的反义词，通过比较理解词义。例

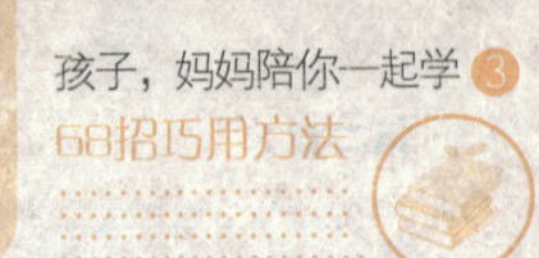

如：大方——腼腆、诞生——逝世、俯视——仰望、单枪匹马——群策群力、屈指可数——不胜枚举等。

3. 组词比较：假设要记忆烧（shāo）、浇（jiāo）、绕（rào）、挠（náo）、侥（jiǎo）、饶（ráo）、晓（xiǎo）、娆（ráo）这几个字，我们可以让孩子这样组词记忆："用火烧，用水浇，用丝绕，用手挠。靠人是侥幸，食足才富饶，日出为拂晓，女子更妖娆。"这样是不是很有趣呢？

YES！越比越明白

家教箴言：通过对知识的比较，孩子学会了独立思考、分析异同、究其因果，大脑思维能力也得到了训练，更加深了记忆。

4．字形比较：比如记忆跑、抱、袍、炮这四个字，它们的字音、字形都相似，我们可以指导孩子从偏旁入手："有足就是跑，有手就是抱。有衣就是袍，有火就是炮。"再比如晶、品、森这三个字，让孩子仔细观察，不难发现区别："三日为晶，三口为品，三木为森。"

这样，通过把相似的几个字放在一起比较记忆后，你是不是发现孩子不仅不会记错，而且对这几个字的意义也更加明确了呢？

区分不忘联系。知识之间的联系与区别是不可分割的，让孩子在比较中记忆知识的时候，我们也要注意提醒孩子发现知识之间的联系。比如直线、射线、线段之间就有这样的联系与区别。联系："直线、射线、线段是整体与部分的关系，线段、射线是直线的一部分。它们都是由无数的点构成的。在直线上取一点，则直线可分成两条射线；取两点则可分成一条线段和两条射线。把线段两方延长或把射线反向延长就可得到直线。"区别："直线无端点，长度无限，表示直线的字母无序；射线有一个端点，长度无限，表示射线的字母有序；线段有两个端点，可度量长度，表示线段的字母无序。"

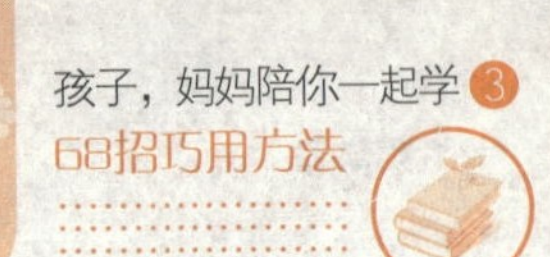

25 在改错中记忆

某位老师在他所教的两个班（学生的学习成绩相近）布置了以下两种形式不同但目的相同的作业。

真的猛士，敢于直面惨淡的人生，敢于正视淋离的鲜血。这是怎样的衷痛者和幸福者？然而造化又常常为庸人设计，以时间的流驰，来洗涤（tiáo）旧迹，仅使留下淡红的血色和微漠的悲哀。在这淡红的血色和微漠的悲哀中，又给人暂（zhǎn）得偷生，维持着这似人非人的世界。

甲班的作业是：抄写“直面”“淋漓”“哀痛”“流驶”“微漠”，并给“涤”“暂”注音。

乙班的作业是：找出上面文段中的错别字，并改正两处错误读音。

第二天当堂测验结果显示：甲班的优秀率为65%，乙班的优秀率为90.8%。同一份作业产生不同结果的原因是：乙班同学在做这份作业的时候，需要对每一个字、每一行话逐个分辨，找出错误所在。这正是一个由错误到正确的认识过程，经过一番正误的对照，思考过的内容自然会在大脑中留下深刻的印记。

同样，在学习的过程中孩子也会犯很多错误，家长正好可以指导孩子通过自我改正错误的方式达到加深记忆、掌握知识的目的，比如小纸条法。这种方法要求孩子将错误的题目抄写在小纸条上，时常拿出来看一看。比如：

错误写法：蛛丝蚂迹。

正确写法：蛛丝马迹。

正确理解：从挂下来的蜘蛛丝可以找到蜘蛛的所在，从马蹄的印子可以查出马的去向。比喻事情所留下的隐约可寻的痕迹和线索。

让孩子把小纸条贴在书桌上、夹在课本里，或者用订书钉钉起来，隔三差五地拿出来看一看，就能起到增强记忆、扩大知识面的作用。

故意读错字音。在辅导孩子读课文的时候，妈妈可以为孩子示范朗读一遍，读的时候故意读错三四处，然后让孩子进行纠错。这个纠错的过程可以促使孩子主动思考。试一试，一定可以收到意想不到的效果！

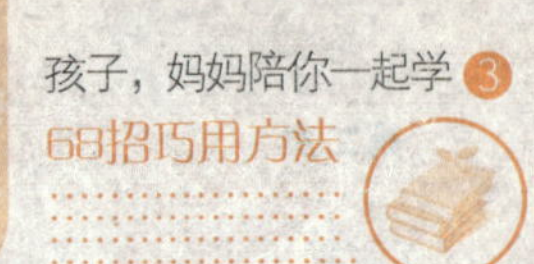

26 组合记忆游戏

组合记忆法与其说是一种方法，不如说是一种游戏。这种在游戏中记忆的方法可以让孩子们牢固地掌握单词和汉字。比如，一个英语单词通过加、减、换、调某个字母，就可以得出一个新词。

1. 单词前面加字母。例如：is-his，ear-near或hear，read-bread；单词后面加字母。例如：hear-heart，you-your，plane-planet；单词中间加字母。例如：though-through，tree-three，for-four等。

2. 减字母。例如：she-he，close-lose，start-star等。

3. 换字母。例如：book-look或cook，cake-lake或wake等。

4. 调字母（即改变字母顺序）。例如：blow-bowl，sing-sign，from-form等。

再以汉字中的加、减、换、调法为例。

1. 汉字加法：甲—里—厘—鸭。

2. 汉字减法：花—化。

3. 汉字换法：怡—贻，梅—海。

4．汉字调法：杏—困，古—田。

当然，有些单词和汉字是不能通过这种方式进行游戏的，这时我们可以采取别的游戏方式，比如让孩子把一个笔画繁多的字拆成几个单独的字来记忆。如“赢”字可拆为“亡”“口”“月”“贝”“凡”，“腐”字可拆为“广”“付”“肉”等。

找准记忆单位。很多英语单词中往往含有相同的记忆单位，利用这一点，妈妈可以指导孩子通过增加前缀的方式记忆单词。比如以“pel”为例，含有这个单位的单词有：expel（驱逐）、impel（驱动）、dispel（驱散）、compel（强迫）、repel（排斥）等。让孩子试一试，一定可以减轻记忆负担。

27 妙招记忆多音字

小雨是小学三年级的一名学生。她晚上做多音字练习的时候，细心的妈妈发现小雨错了很多题目。妈妈很耐心地问小雨说："宝贝儿，多音字错了这么多，是你没有掌握还是粗心做错的呢？"小雨撅着嘴把自己的苦恼告诉了妈妈："我觉得多音字区分起来有点困难，因为读音太难把握了，所以我一不留神就会出错。"

相信在记忆多音字方面存在困难的孩子并不在少数。"这个字是读这个音还是读那个音呢？"当孩子存在这样的疑问时，我们不妨教孩子使用"一线串珠法"记忆多音字，即把某个字的几种读音事先组成词语或词组，再连起来写一段话。实践证明，这种巧妙的记忆方法可以轻松地帮孩子渡过"多音字"的难关。例如：

1．单：单（shàn，姓氏）老师说，单（chán，单于是匈奴君主的称号）于只会骑马，不会骑单（dān）车。

2．折：这两批货物都打折（zhé）出售，严重折（shé）本，他再也经不起这样的折（zhē）腾了。

3．喝：武松大喝（hè）一声："快拿酒来！我要喝（hē）十二碗！"博得众食客一阵喝（hè）彩。

4．着：你这着（zhāo）真绝，让他干着（zháo）急，又无法着（zhuó）手应付，心里老是悬着（zhe）。

5．沓：他把纷至沓（tà）来的想法及时写在一沓（dá）纸上，从不见他有疲沓（ta）之色。

6．载：据史书记载（zǎi），王昭君多才多艺，每逢三年五载（zǎi）汉匈首脑聚会，她都要载（zài）歌载（zài）舞。

7．曝：陈涛参加体育锻炼缺乏毅力、一曝（pù）十寒的事情在校会上被曝（bào）光，他感到十分羞愧。

8．宁：尽管他生活一直没宁（níng）静过，但他宁（nìng）死不屈，也不息事宁（níng）人。

YES! 巧记多音字

家教箴言：把某个字的几种读音事先组成词语或词组，再连起来写一段话。这种方法可以轻松地帮孩子渡过“多音字”的难关。

9．和：天气暖和（huo），小和（hé）在家和（huó）泥抹墙。他讲原则性，是非面前从不和（huò）稀泥，也不随声附和（hè）别人，更不会在麻将桌上高喊："我和（hú）了！"

10．拗：这首诗写得太拗（ào）口了，但他执拗（niù）不改，气得我把笔杆都拗（ǎo）断了。

11．哄：他那像哄（hǒng）小孩似的话，引得人们哄（hōng）堂大笑，大家听了一哄（hòng）而散。

当然，孩子用多音字组的句子不必符合现实逻辑，只要能把由多音字组成的词语放在句子中记忆就可以。

状元妈妈这样做

根据组词决定读音。有许多多音字的其中一种读音只在一个或几个词语中出现，所以我们可以指导孩子采取记少不记多的方式来记忆多音字。如："埋"只在"埋怨"中读mán，其他地方都读mái。另外如孱、作、估、瘪、伺、缩、嚷、熨、挣、稽、扁、症等字都有这种现象。

28 这样背诵课文最有效

古人有言："书读百遍，其义自见。""诵在口里，化在心里；背在口中，留在心间。"可见，背诵对一个人理解文章的意思是非常重要的。

对于中小学生来说，通过背诵不但可以使他们熟记课文内容，深化对课文内容的理解，还能提高他们的语言表达能力和文字写作能力，并为学习课外知识打下良好的基础。但是随着年级的升高、知识难度的增加，背诵课文让很多孩子感到越来越难。有没有什么简单有趣的记忆方式呢？

1. 写画法

先引导孩子将课文认真读一遍，然后让孩子用画笔把读到的内容画下来。比如将文中提到的太阳、小河、河面特色、高山等都按照出现的先后顺序画到纸上。孩子一边画，家长一边根据课文语句提示孩子，这样的背诵过程对孩子来说是非常轻松有效的。

2. 趣味背诵法

为了消除孩子持续背诵所造成的单调感、疲劳感，我们可以指导孩子和同学们一起完成背诵工作：

（1）“接力赛”式背诵法，即模仿体育运动中接力赛跑的方式，由三人每人一句，上递下接，循环往复；

（2）“叠罗汉”式背诵法，即模仿杂技演员“叠罗汉”的方式，由第一人背诵第一句，第二人接背二、三句，每人依次递增一句，连续不断，直到背完为止。

这几种方法不仅趣味性强、参与面广，而且还可以在提高孩子记忆力的同时增强孩子的群体意识。家长不妨一试！

把握思路背诵。每篇文章都有一个写作思路，利用这一点妈妈可以指导孩子通过把握文章的思路来进行背诵。比如在背诵《草原》的第一自然段时，我们应让孩子知道全段共八句话，写了草原景色的特点，作者的思路是：“我看到了草原——我爱草原——草原一碧千里——平地小丘是绿的——羊群像白色的大花——小丘像中国画——我产生的情感——我的联想。”让孩子按照这个思路的顺序，逐句背诵，不仅可以减少背诵的难度，而且还可以避免遗漏和颠倒的现象。

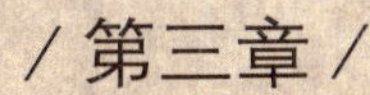

阅读是孩子前进的风帆

用形象的话来说，阅读是思考的大船借以远行的帆，也是鼓帆前进的风。没有阅读，孩子就没有前进的风和帆。在信息化的今天，阅读更是孩子们获取信息最基本的途径和最简便的方法。

29 阅读从做计划开始

读书的好处不言而喻。对于孩子来说，除了课内的一些阅读内容外，发展课外阅读也是至关重要的。我国著名的语言学家吕叔湘先生就曾经说过，他学习语文，三分得益于课内，七分得益于课外。好的课外书可以为孩子们打开一扇窗，开启一道门，让他们看到一个魅力无穷的大千世界。

但是作为中小学生来说，他们大部分的时间都是在课堂上度过的。因此，可供阅读的时间，尤其是课外阅读的时间并不多，如果孩子读书没有目的性和计划性，就会使宝贵的阅读时间得不到充分的利用。面对那么多的课外读物，家长应该怎样指导孩子进行阅读并有所收获呢？就是要帮助孩子列出一个具体的读书计划，并严格按照计划进行阅读。首先，将阅读书籍按照不同内容进行分类，比如古诗类、益智类、名著类等；其次，将阅读每一类书籍所需的时间和目标详细列清楚。例如：

1. 古诗类

阅读目标：每星期背诵一首古诗词。

阅读书籍：《唐诗三百首》《宋词一百首》。

2. 百科类

阅读目标：通读百科全书。

阅读书籍：《青少年大百科全书》。

持续时间：3个月。

我的小计划：每天阅读3小节。

3. 名著类

阅读目标：和妈妈一起读名著。

阅读书籍：《约翰·克里斯朵夫》《三个火枪手》《汤姆叔叔的小屋》《三国演义》《红楼梦》《西游记》等。

持续时间：9个月。

我的小计划：先读《约翰·克里斯朵夫》，每天读15页或者更多。

除了对阅读内容和进度进行计划之外，孩子还可以固定阅读的时间。比如：周一到周五每天阅读半小时，休息日每天阅读一小时。总之，先列计划后阅读，孩子一定可以从课外书中得到更多！

状元妈妈这样做

表格阅读法。让孩子根据读书的日期和进度填一填以下表格，既可以督促孩子坚持不懈，也能够让孩子从中看到自己读书的收获。

日期	计划阅读数量	书名	读后感	备注

YES! 积少成多

NO! 阅读无计划

家教箴言：先列计划后阅读，孩子一定可以从课外书中得到更多。

30 这样阅读最简单

英国诗人柯勒律治曾把读者分为四类：第一类好比计时的沙漏，沙子注进去又漏出来，到头来一点儿痕迹也没有留下；第二类好像海绵，什么都吸收，挤一挤，流出来的东西原封不动，甚至还脏了些；第三类像滤豆浆的布袋，豆浆都流走了，留下的只是豆渣；第四类像开掘宝石的工人，把矿渣甩一边，只要纯净的宝石。柯勒律治这段话的意思是说，阅读时我们要向第四类读者学习，“取其精华，去其糟粕”。

作为小读者的孩子，想要最大化地吸取书中的精华，家长可以指导他们通过写读书笔记表格的形式来实现。如下表：

<table>
<tr><td>书名：</td><td>作者：</td></tr>
<tr><td colspan="2">精彩词语、句子、段落摘录：
我认为用得好、写得好的原因：</td></tr>
<tr><td colspan="2">故事的主人公是谁：
他是一个怎样的人：
主要情节是什么：
景物的特点是什么：
主要知识点有哪些：</td></tr>
</table>

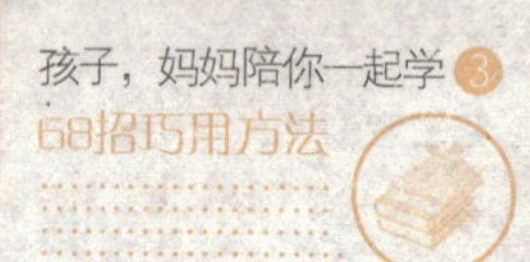

书中不明白的地方有： 我自己的理解是：
读后感悟：

这种方法之所以见效，是因为孩子会带着表格中的这些问题去看书。边看就会边想，哪些内容是需要特别注意的，哪些内容不太重要。这“想”一下的过程，就是思考的过程；另外，孩子在认真做笔记的过程中，会发现或引出一些新问题，或在某一点上很有灵感，将这些问题记录下来并解答好，这在无形中锻炼了孩子的思维能力。

状元妈妈这样做

注意文章细节。孩子阅读时，妈妈可以提醒孩子充分利用文章的细节。比如：文章的标题、副标题、小标题、注释、旁白、标点符号等，充分地用好这些“小东西”，在一定程度上也可以帮助孩子更好地理解文章。

31 批批画画效果好

我国著名学者、作家钱锺书，被誉为“文化昆仑”。其《谈艺录》《宋诗选注》《管锥编》等学术著作，援引的参考书数以万计，且涵盖了文学、历史、哲学、心理学等多门学科。他之所以能够做到旁征博引、信手拈来，与他长期做读书批画的习惯是分不开的。他的同学饶余威在《清华的回忆》一文中写到钱锺书时说：“他喜欢读书，也鼓励别人读书。他还有一个怪癖，他在看书的时候喜欢用又黑又粗的铅笔画下佳句，又在书旁加上他的评语，清华藏书中的画线和评语大都出自此君之手笔。”

“不动笔墨不读书”，在阅读的同时指导孩子做好批注，可以让孩子真正走进作品，真正有自己的创见，这对于提高孩子的鉴赏能力、批评能力、创造能力、写作能力都是极为有益的。

下面我们就以《五彩池》这篇文章中的一些段落为例，具体看一看我们该如何指导孩子做好批注。

1. 关键词批注

“没想到今年夏天去四川松潘旅游，在藏龙山上，我真的看到了像瑶池那样神奇的五彩池。”（可批注：我喜欢“没想到和真的”这两个词语，它们写出了作者看到五彩池惊喜的心情。）

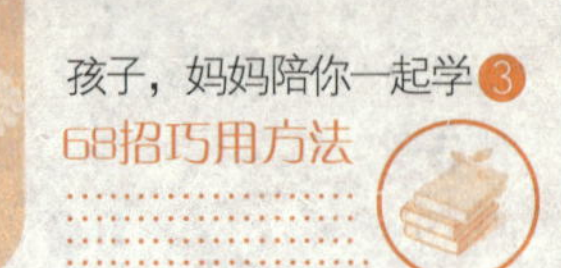

2. 含修辞手法的句子批注

“池边是金黄色的石粉凝成的，像一圈圈彩带，把大大小小的水池围成各种不同的形状，有像葫芦的，有像镰刀的，有像盘子的，有像莲花的……”（可批注：我喜欢这句话是因为它运用了比喻的修辞手法，这个比喻让我读着有一种身临其境的感觉。）

3. 标点符号批注

同上句。（可批注：省略号表示五彩池的形状不仅仅是作者描述的这几个，还有很多，让我对五彩池的美丽产生更多的遐想。）

4. 疑惑之处作批注

“池里的水好看极了，有五种颜色，红的，黄的，绿的，蓝的，紫的。”（可批注：这里红的、黄的、绿的、蓝的、紫的之间为什么不用顿号，而用逗号呢？是为了表达池水好看吗？）

刚开始学习使用这种阅读方式的时候，家长大可允许孩子只在优美语句、典范引文、重要段落、新颖说法等地方简单地写上“注意”“重要”“用心记住”等字眼。这样循环渐进，等习惯养成之后，再多写一写自己的看法。

在批划中练笔。如果孩子对某一个句子进行了批划，妈妈可以问孩子：你为什么觉得这句话写得好？你能模仿这句话写一个相同的句子吗？给孩子一个具体的要求，孩子才能有具体的收获。

32

我提问，你回答

有一位妈妈，她在孩子每次阅读课外书时，一定会要求孩子整理内容概要，并把读到的内容复述给她听。这种方式一方面可以增强孩子对所阅读内容的记忆和理解，另一方面妈妈也可以借此了解到孩子对所读内容的掌握情况。

那么，孩子该如何整理内容概要呢？我们可以采用“我提问，你回答”的方式，让孩子有针对性地对所阅读的内容进行整理。比如孩子阅读下面这则寓言：

狗、公鸡和狐狸

狗与公鸡结交为朋友，他们一同赶路。到了晚上，公鸡一跃跳到树上，在树枝上栖息，狗就在下面树洞里过夜。黎明到来时，公鸡像往常一样啼叫起来。有只狐狸听见鸡叫，想要吃鸡肉，便跑来站在树下，恭敬地请鸡下来，并说：“多么美的嗓音啊！太悦耳动听了，我真想拥抱你。快下来，让我们一起唱支小夜曲吧。”鸡回答说：“请你去叫醒树洞里的那个看门守夜的，他一开门，我就可以下来。”狐狸立刻去叫门，狗突然跳了起来，把他咬住撕碎了。

在孩子阅读故事之前，妈妈可以提前准备好下面这些问题，要求孩子读完之后进行回答：

1．故事发生的时间是？（时间）

2．公鸡和狗各在哪儿睡觉，他们是什么关系。（地点）

3．文中的角色有哪些？（人物）

4．狐狸为什么夸奖公鸡？（目的）

5．故事是怎样进展的？（经过）

6．公鸡是怎样打败狐狸的？（方法）

7．通过这个故事你明白了什么？（感悟）

8．你最喜欢文中的哪个角色？为什么？你可以划出本文中提到的各种角色吗？

围绕着时间、地点、人物、故事情节等内容对孩子展开提问，孩子阅读时会有很明确的目标，也有利于培养他们发现和解决问题的能力。

熟悉名著细节。有的孩子读过很多名著，但都是浮光掠影，读完就忘。这时妈妈应该特别提醒孩子，在阅读名著时一定要弄清楚人物、时间和地点等细节问题。如《红楼梦》中的“刘姥姥进大观园”“黛玉葬花”“宝玉挨打”等；《西游记》中的“大闹天宫”“真假美猴王”“三打白骨精”“三借芭蕉扇”等这些妇孺皆知的故事情节，阅读时要重点掌握，相关人物也要对号入座，不能张冠李戴。

33 手抄报阅读法

当代著名作家肖复兴说：“能够热爱读书并能懂得怎样读书，对于一个孩子来说是最大的财富。”可是，不少学生因为缺少正确的阅读方法，导致他们在读完书籍后仍然感觉一无所获。也就是说，很多孩子读书了，却读一读就算了，没有将读书的成果和收获落到实处。

面对这个问题，家长可以指导孩子将阅读内容用笔记下来，比如鼓励孩子做一份阅读手抄报，并定期举办个人的读书展示会，把自己在一个阶段内的读书成果和大家进行分享。参会的人员可以是家庭成员，也可以是孩子的同学。手抄报和展示会不仅有利于孩子掌握书籍内容，而且还能提高孩子的自信心，增强阅读兴趣。这种手抄报具体怎么制作呢？

阅读手抄报

最近我读了《　　　》 书的作者是： 他的个人介绍是： 他的其他作品是：	最精彩的一段是： 我对这段话的理解：	我为全书作的插画：

<table>
<tr><td rowspan="2">我的推荐理由是：</td><td>我最喜欢书中的人物或名言是：</td><td>我总结的读书规律：</td></tr>
<tr><td>看了这本书后我的感悟是：</td><td>我为本书打分：</td></tr>
</table>

除了这种书面形式，家长还可以配合孩子在家庭中开展阅读、朗诵和演讲比赛等，通过家庭成员参与的形式，让孩子在竞争中充分品尝阅读的成功和快乐！

知识手抄报。手抄报的用途很广泛。妈妈可以让孩子把每天学过的知识以手抄报的形式记录下来（今天我学到的知识：______ 我不懂的问题：_____ 我已经弄明白的问题：_____），并在手抄报中配以丰富的插图，看看孩子是不是越学越起劲。

34 阅读知识分类记

生活中，我们习惯将袜子、鞋子、衣服等生活用品分类放在一起，以方便自己取用。试想，如果一个人生活邋遢，家中物品随意乱放，毫无分类可言，那么他取用的时候一定极不方便。将这种观点延伸到孩子的阅读中，也是同样的道理。

生活物品需要分类存放，我们的阅读内容也需要分开整理。当孩子面对众多的阅读资料时，家长可以给孩子提供以下几种分类方式。

1. 书籍分类放

德国哲学家黑格尔在读书的时候有一个独特的习惯，他会把读过的书，按照知识范围如语言学、美学、几何学、心理学等分类，并把它们放到贴有标签的文件夹里。这样，当需要什么材料时，随时可以拿到。这种习惯，他坚持了一生。

2. 阅读材料分类整理

这种整理方式是将阅读过的内容按照名言、古诗、故事、写作素材等进行整理。如图：

名言类

道德类名言：

人格类名言：

学习类名言：

读书类名言：

青春类名言：

科学类名言：

时间类名言：

理想类名言：

真理类名言：

……

古诗词类

诗中春：

诗中夏：

诗中秋：

诗中冬：

诗中雪：

诗中雨：

诗中风：

诗中鸟：

诗中花：

诗中蝉：

诗中树：

诗中草：

……

孩子可以将分类内容写在卡片上，或者摘抄在笔记本上。隔三差五地拿出来翻一翻这些内容，不仅可以加深孩子对阅读材料的印象，而且还有助于孩子对这些材料的灵活应用。

状元妈妈这样做

阅读文体分类整理。除了上述分类，妈妈还可以指导孩子根据阅读文体的不同来分类整理阅读资料，比如小说类、诗歌类、散文类、戏剧类等。将某一文体的好句好段记载到该文体的下方也是一种不错的分类方法。

35 最简单的阅读训练

不少家长都有这样的疑问：孩子课外书倒是读了不少，但是抽取其中的一篇内容考考他的时候，他却支支吾吾，不知道书中讲了怎么一回事。这该怎么办呢？难道课外书都白读了吗？

出现这种情况，最大的原因在于孩子不善于归纳内容概要。家长此时应该要求孩子进行一些有针对性的阅读训练，促使孩子思考每个故事、每本书的主要内容，这样孩子才不会“白读书”。

下面是一种最简单的训练，叫做“三个句子阅读法”。

第一个句子：这是一篇____________________

第二个句子：这篇文章好在（美在）__________

第三个句子：我们从这篇文章中学到了__________

陪孩子读一读下面的这篇寓言，让孩子试用上面三个句子读懂全文。

大鱼和小鱼

小鱼问大鱼道：“妈妈，我的朋友告诉我，钓饵上的东西是最美的，可就是有一点儿危险。要怎样才能尝到这种美味而又保证安全？”

“我的孩子，”大鱼说，“这两者是不能并存的，最安全的办法就是

绝对不去吃它。”

“可它们说，那是最便宜的，因为它不需要付出任何代价。”小鱼说。

“这可完全错了，”大鱼说，“最便宜的很可能恰好是最贵的，因为它希图别人付的代价是整个的生命。你知道吗，它里面裹着一只钓钩。”

“要判断里面有没有钓钩，必须掌握什么样的原则呢？”小鱼又问。

“那原则其实你都说了。”大鱼说，“一种东西，味道最美，又最便宜，似乎不用付任何代价，钓钩很可能就藏在里面。”

读完以后，首先使用第一个句子：这是一篇写不懂事的小鱼向有生活经验的妈妈求教的寓言。

接着用第二个句子：这篇文章好在用“钓钩”表现了用心险恶的阴谋。

再用第三个句子：我们从这篇文章中学到“最便宜的很可能恰好是最贵的”的人生道理。

当然，上述答案只是作为参考，孩子完全可以根据他的理解来回答，只要话在点上就可以。

状元妈妈这样做

从题目中寻找中心。很多文章的中心其实在文章题目中已经出现了。比如《我爱家乡的小树林》《我从来没有这样后悔过》，前者规定了“爱”，后者规定了“悔恨”，这就明确标明了文章的中心思想，不需孩子再去“另辟蹊径”了。

36 泛读英语读物

在加拿大，孩子从上小学起就要读大量的课外读物，而且每个星期都会从学校带一到两本书回家读。每个年级都是如此。到了中学孩子们就开始读名著，由节选过渡到全文。

以英语为母语的人尚且需要如此大量的阅读训练，我们想要孩子学好英语，没有量做基础，不进行大量的泛读是不行的。

这里所说的泛读，强调的是在理解的基础上进行的快速阅读，是为了理解大意而进行的阅读活动，并不是囫囵吞枣式的阅读方式。孩子在进行泛读时，可先从简单的读物开始，逐渐过渡到英文原著。此外还应该大量阅读英语报纸、杂志、传记，带文字的漫画书等，以丰富阅读内容，加强语感训练。当然，不管孩子读了哪方面的阅读资料，在初始阶段，都应该简单记录下从阅读内容中学到的知识。例如：

课外阅读知识汇总

这本书中出现的英语单词和意思是：________________

我分别用这些单词说一个句子：________________

文中我觉得写得好的句子有：________________

我不明白的句意：________________

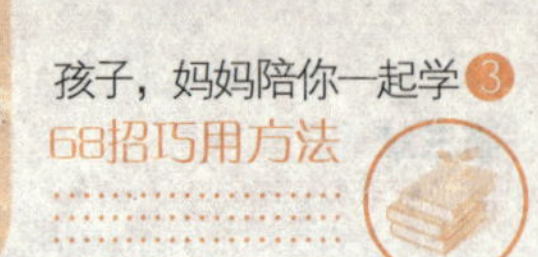

读完本文后我的感悟是（可用简单句子表达）：______________

当孩子遇到生词时，我们要多鼓励孩子使用字典来弄清词义，并及时把这些生词抄写到一个小本子上，随时拿出来复习，增加对新单词的印象。英语学习是一个由点到线再到面的过程，先从简单的读物开始，慢慢地量变引起质变，孩子的英语学习才会有大幅度的提高。

状元妈妈这样做

由图片开始。在孩子刚开始泛读的时候，妈妈尽量选择那些图画多文字少的阅读资料，不要求孩子会读每个单词，只要知道大概意思即可。在孩子有一定的英语基础后，妈妈再指导他阅读那些句子结构简单、内容易懂的书籍。循序渐进，孩子的英语水平才会提高。

37

扩充书籍增大信息量

专家研究证明：一个学生的课外阅读量只有达到课本的4～5倍时，才能形成真正的语文能力。的确，阅读的作用不容忽视，很多学生也很相信“博览群书”的力量，于是不管是什么书，只要见书就读。这么做其实是不合适的。“博览群书”的概念由于时代的不同，“群书”的意思早就有变化了。今天，我们常用“信息爆炸”来形容信息量的快速增长，一个人能力再强、阅读速度再快，也是不可能把世界上的书读完的。因此，提高信息的利用率，扩展有限的书籍，就变得重要起来。

那么该怎样扩展，实现对书籍的高效利用呢？

1. 补充图表

有些书的内容可能很精彩，但是没有图表。孩子可以根据自己的理解，将文中的内容制作成图表，或者画一画插图，使书中的内容更丰富。

2. 补充精彩评论

读书之后，上网搜索一下其他读者对这本书的精彩评论，将这些评论下载下来，或者选择一些精彩评论记在书籍的天头、地脚或者笔记本中，以作参考。

3. 补充应用

阅读英语课外书的时候，孩子如果学到一些新的英语单词，就应该试着在生活中去应用它们。比如孩子学到了加、减、乘、除的英语单词，是不是可以把一些数学式翻译成英文呢？

常见数学式的英文表达法

A-B=?	How much is A minus B?
A×B=?	How much is A times B?
A÷B=?	How much is A divided by B?
A＞B	A is more than B.
B＞A	A is less than B.

……

优秀的阅读方法，能使孩子从有限的书籍中收获更多！

把书读薄。如果我们把扩充书籍看做是把书读厚的话，那么抓住概要精简阅读内容就相当于是把书读薄了。比如让孩子读一读阅读内容的黑体字、章标题、节标题、好句好段，从而概括出每一小节的中心，达到总结的目的。等孩子将整部书籍的概要总结完毕后，可能他们就会发现，原来很厚的一本书竟变得如此之薄，知识也变得越来越精练。

/ 第四章 /

如何指导孩子写作

写作是语文知识的综合积累。但是很多教师和家长都会遇到这样的问题：孩子写作时感到无话可说、无话可写，或者语句表达混乱，长篇大论却离题万里。该怎么办呢？

38

“3W1A法”写好看图说话

一项关于小学生写作困难的调查报告显示，“字数达不到要求”“根本无话可说，无从下笔”“基本功差”“不会修改”这几个原因选项的比率分别为：46%、73.3%、21.6%和11.6%。我们可以明显看出，对作文“无话可说，无从下笔”是很多小学生普遍面临的问题。

想要孩子下笔千言，除了鼓励孩子平时多注意观察之外，从看图说话开始练习也是一个非常好的选择。现实中的人物和场景都是一个个活生生的图画，从看图说话中的静态图到现实生活的“动态图”，对于孩子来说是一个逐步提高的过程，这个过程有助于提高他们的写作能力和写作兴趣。

在指导孩子看图说话时，我们可以提示孩子仔细看图，并注意下面几个问题。

1．时间：图中画的是什么时间（或季节），你从哪儿看出来的？

2．地点：图中画的是什么地点（或地方），你从哪儿看出来的？

3．谁：观察人物的表情和穿着，人物在想什么呢？会说什么呢？有哪些行动呢？

4．做什么：图中人物都在做什么呢？

简而言之，就是3W（When、Where、Who）1A（Action）。先问孩子这几个问题，然后再让孩子动笔写，你会发现孩子写出的作文不仅完整，而且还很生动。

状元妈妈这样做

从标点开始。良好的写作习惯应该从格式和标点开始：1．注意格式。每个段落的第一排空两格再开始写。标点占一个格子，句末标点不能打在每一排的第一格，可以打在最后一格的右下方或后面。2．标点的基本打法。写完了“时间”要打逗号（，）；写完了“谁在什么地方干什么”要打句号（。）。如果要写图中人物的对话，那么，对话前面要打冒号（：），说的话要用引号（“”）引起来。

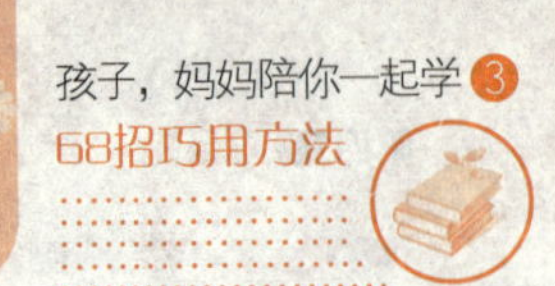

39 “写话”有技巧

如果把作文看成一座大厦，那么每一个句子就是构成这座大厦的原材料。原材料不过关，大厦的质量就无法得到保证。在低年级的语文学习中，学会“写话”是其中的一项基本要求，也是孩子写好作文的必经之路。对于如何写话，家长可以指导孩子通过以下几种有趣的方式进行练习：

1. 先说一说，再写下来

在记录一件事情之前，我们可以先要求孩子把这件事情说出来。说得不完整的地方我们要提示孩子，并做相关的补充，再让孩子完整复述一遍，然后再动笔把事情写出来。这样做可以让孩子的表达更完整、更准确。

2. 模仿课文中的句子

孩子可以模仿课文中的好句子来写话。比如《看企鹅》中有这样一个句子：小企鹅披着黑衣服，挺着白胸脯，圆滚滚的身子，张着一对翅膀，傻乎乎地站在那里，真有趣。我们可以让孩子模仿这句话，写一写小猫或者小狗等其他小动物的样貌。

3. 选一个话题

比如我们可以和孩子聊一聊："人们为什么要爱护动物？""大家为什么要绿化环境？"等等。围绕这些话题，让孩子根据自己的理解写几句话。

4. 观察周围的事物写感受

比如说，春天来了，我们可以鼓励孩子多多观察春天里的校园景色，然后把这些景色及植物的生长变化写下来。

5. 用续写课文的方法学习写话

比如，孩子在学完《狼与小羊》一课后，我们可以让孩子想一想，这个故事是不是可以有另一个结局呢？鼓励孩子接着编一编这个故事，并写下来。

在孩子写话的过程中，我们要鼓励孩子展开想象大胆去写。孩子写完以后，我们还应该给他们一定的点评：哪个地方用词比较恰当，哪个地方加上想象会更好，哪个地方需要更仔细的观察等。

状元妈妈这样做

开一下新闻发布会。"说"是"写"的基础，"写"是"说"的丰富。在周末的时候，妈妈可以和孩子开展"小小故事会""小小新闻发布会""最有趣的事"等活动，让孩子将自己一周的所见、所闻、所感讲述出来，之后再让孩子将所说的内容写一写。这样，不但锻炼了孩子的口头表达能力，也提高了孩子的写作能力。

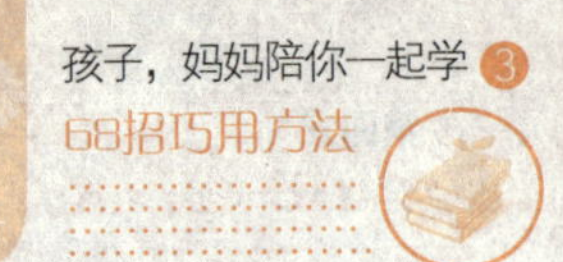

40 日记到底应该记什么

小学生写日记，不但可以养成认真观察的好习惯,而且还能巩固学到的知识，提高语言运用能力，为以后的写作奠定基础。但是普遍现象是：很多孩子觉得日记没有什么可写，日记也往往记成了流水账。

“妈妈，日记该写什么呢？”当孩子这样问你时，你该怎么回答呢?其实，可以记录的内容是丰富多彩的：

1．社会万象：把自己的所见所闻记录下来，比如社区的风貌变化，或者发生在市场上的小商小贩，公共汽车上的乘客、司售人员等人物身上的小故事等。

2．家庭记事：记叙家庭的生活情景，为家人过生日，亲友团聚，节日趣事，各类生活风波，自己学做家务等，都可作为该类日记的写作素材。

3．校园风采：描述校园四季景象和各类活动场景，捕捉课间精彩瞬间，记叙同学之间、师生之间发生的各种感人事件等。

4．自然风光：描绘家乡景色的四季变换，旅游时的自我感受；描写自然界一草一木的生长过程和形态特征，赞美大自然的巧夺天工。无论是天上的云卷云舒，还是自然界的风霜雨雪、阴晴变化，都可作为日记内容。

5．内心活动：把对现实生活的思考、议论，以及自己在学习、生活中的优缺点和成长过程记录下来。

6．名篇摘抄：把看到或读到的名人语录、格言、座右铭或写人状物的优美词句摘录下来。

家长要注意发现孩子日记中的积极因素。哪怕孩子有一个词用得好、一句话写得好，我们也要给予适当的肯定和表扬。比如：“你又有进步了！”“这句话写得真不错！”

状元妈妈这样做

写一写想象日记。这是一种好玩、有趣的日记形式，能激发孩子的写作热情。比如让孩子写一写自己十年后的样子，或者写一写外星人的模样等。让孩子根据自己的想象自由发挥，在日记中找到写作的快乐。

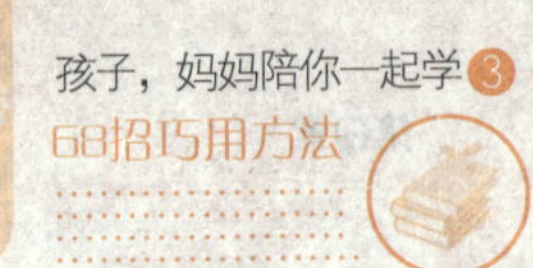

41 模拟小记者写采访日记

虽然我们已经告诉孩子，日记的内容可以丰富多彩，但是孩子即便有了写作对象和材料，也未必能够很好地组织材料，把日记写得很饱满。比如，老师要求孩子在日记里写一写自己的爸爸。对于爸爸，孩子一定很熟悉，但是要描写和评价自己的爸爸，孩子可能还是无从下手。怎么办呢？

这里给大家介绍一种好方法，就是让孩子扮演小记者，采访一下爸爸，然后根据采访的结果来写日记。这种形式的练习能同时提高孩子的语言组织能力和写作兴趣。

在采访开始前，先指导孩子准备好纸笔，列出一个问题提纲。例如：

爸爸的基本资料

年龄：________

职业：________

爸爸的性格：____________________

我对爸爸的印象：____________________

爸爸的工作

一天中你的工作都是怎么安排的？

你最忙碌的时间是几点？

你觉得你的工作能力强吗？具体表现在哪些方面呢？

同事中你最敬佩谁？为什么呢？

你觉得你在同事心中的印象是怎么样的？

爸爸的兴趣

你最喜欢吃什么？

你最喜欢的体育运动是什么呢？

你喜欢哪种衣服款式？

让你感兴趣的事情有哪些？

你最喜欢去哪里玩？跟谁一起玩？

你喜欢读哪一类书？可以给我推荐几本吗？

你喜欢听谁的音乐？

孩子一边采访，一边做好记录，然后将记录内容整理后写入日记，这种新鲜有趣的方法不仅可以增强孩子写日记的兴趣，提高写作水平，还能促进孩子与家长之间的沟通和交流，是一种一举多得的好方法。

状元妈妈这样做

写一写对我们的看法。可以让孩子在日记中谈一谈对爸爸妈妈的看法，让他们写出自己眼中的爸爸妈妈是什么样子的，或者爸爸妈妈哪些地方做得不好需要改进等。

42 句子写精彩，作文更好看

想要写好作文，首先要认真写好每一个句子。这是某实验小学的黄敏老师给小学生的建议，她说作文是由一段一段的话组成的，而一段话要一句一句地写。因此，想要写好作文，首先就要认真写好句子。“我们写的每个句子，首先是要完整通顺的，不能写病句。然后根据实际情况，对每一个句子进行扩写或修饰，让它变得具体、生动。有了生动的好句子，作文就会好看。”

为了达到作文“好看”的目标，写出精彩的句子，孩子需要熟悉各种句式的特点和相互变换。比如：

按要求写句子

1. 我们怎么能随意砍伐树木，破坏绿化呢？（改成陈述句）

改：我们不能随意砍伐树木，破坏绿化。

2. 这件事不能不让人高兴。（改为肯定句）

改：这件事让人高兴。

扩写

1. 喜讯传到学校。

改：北京申奥成功的喜讯很快就传到了学校。

2．列车穿过山谷。

改：列车飞快地穿过山谷，像一支离弦的箭。

3．春风吹遍大地。

改：和煦的春风慢慢地吹遍了大地。

缩写

1．詹天佑是我国杰出的爱国工程师。

改：詹天佑是工程师。

2．洪亮的钟声在天空中经久不息地回响。

改：钟声在回响。

3．敬爱的周总理无微不至地关怀着年轻的战士。

改：周总理关怀着战士。

如果只是做练习太枯燥，妈妈可以通过玩游戏的方式来吸引孩子。比如扩写练习，妈妈可以先说："喜讯传到学校。"爸爸接着说："北京申奥成功的喜讯传到学校。"孩子继续说："北京申奥成功的喜讯很快就传到了学校。"依次进行，不知不觉中孩子的写句能力、思维能力就能得到大幅度的提高。

我会写。为了调动孩子的写作积极性，妈妈可以让孩子每周只针对一个句型进行专门的训练。让孩子准备好一个笔记本，逐渐练习和掌握各种句型。

43 让人物形象鲜活起来

关于如何描写人物，有这样的一个小故事：19世纪的法国著名作家莫泊桑孜孜不倦地写下了许多作品，但这些作品都没有什么特色。他焦急万分，于是带着自己写的文章，去请教老师福楼拜。他坦白地说："老师，我已经读了很多书，为什么写出来的文章总是不生动呢？"福楼拜认真地看了几篇，微笑着对他说："对你所要写的东西，光仔细观察还不够，还要能发现别人没有发现和没有写过的特点。当你走进一个工厂，想要描写守门人的时候，你需要用画家的手法把守门人的身材、姿态、面貌、衣着及全部精神、本质都表现出来，让我看了以后，不至于把他同农民、马车夫或其他任何守门人混同起来。"莫泊桑把老师的话牢牢记在心里，后来写出了很多享誉世界的作品。

这个故事告诉我们，描写人物要突出个性，这样人物形象才能鲜活起来。不过，孩子的年龄小，社会经验少，对人物的理解和刻画往往不可能那么深刻，所以不妨先从基本功开始，指导他们有计划地积累描写人物的各种词语和句子。例如：

描写人物外貌的词语

面黄肌瘦　面如土色　仪表堂堂　容光焕发　虎背熊腰

一表人才　身材魁梧　眉清目秀　仪表堂堂　落落大方

好句摘抄：一天，她的老伴儿病倒了，她脸上珠网般的皱纹更深了，两道眉毛拧成的疙瘩锁到一块儿了。

描写人物动作的词语

健步如飞　扭头就跑　定睛一看　侧耳细听　冥思苦想

步履矫健　拔腿就跑　眼疾手快　捶胸顿足　抓耳挠腮

好句摘抄：宁佳音跑到跳高架的横杆前，右脚踏地，双臂猛摆，身体就像小燕子一样飞过了横杆。

描写人物神态的词语

满面春风　愁眉苦脸　炯炯有神　神采奕奕

和颜悦色　笑逐颜开　笑容满面　眉开眼笑

好句摘抄：她笑了，圆圆的脸就像一盘盛开的金葵花。

描写人物心理的词语

提心吊胆　心惊肉跳　心花怒放　心旷神怡

心烦意乱　兴高采烈　心急如焚　心如刀绞

好句摘抄：平静的湖面激起了浪花，我的心情也像浪花一样欢腾。

描写人物语言的词语

口若悬河　吞吞吐吐　滔滔不绝　自言自语　支支吾吾

好句摘抄：他的话就像抽不完的蚕丝，越说越多。

这些词语和句子可以是课本中的，也可以是在课外阅读中读到的。词语分类十分灵活，只要大家留意，就能总结出很多类别，比如表示速度快的词语有：霎时、一刹那、瞬间、一转眼、一眨眼、倏地……表示看的词语有：盯、瞧、瞅、瞄、瞥、瞪、睹、望、扫视、注视、凝视、仰视、俯视、巡视、审视、平视、观察、打量、视察、瞻仰、欣赏、端详……积累一段时间以后，孩子就知道该用哪些词语描写什么样的人，人物形象也会随之生动起来。

状元妈妈这样做

设置人物的语言和动作。指导孩子在写作之前先思考一下人物的特征。比如写年轻人，他们说话多用新词，而中年人则偏好用比较客气的敬语；再比如天性羞涩的人和陌生人说话时一般都会低着头，而胆小紧张的人在公开场合往往喜欢玩手指头……用这种简单的方法描写人物，能确保孩子笔下的人物不会走形。

44 一招教孩子老题新做

不知道家长是不是也有这种感受：像《我最熟悉的人》《我的妈妈》一类的作文，孩子都写过不止一遍，真不知该怎么写才好了。可是这种题目万一在考场中又出现，孩子还是得写出来。那么，怎样才能把老题目写出新意来呢？

江苏省邳州市运河师范学校附小的张辉老师很有经验。他在指导四年级同学写《我的妈妈》一文时，大部分同学都觉得没什么可写的，就算写了，也都是千文一面，无非是“奉献类”“爱子类”或“勤俭类”，读起来毫无新意。张老师的解决办法是：必须去找新鲜的材料。他对同学们说：“你们真的了解你们的妈妈吗？你们去访问一下最了解你妈妈的人，收集材料，然后再来写作文。”

这一下，同学们活跃了。有的要去问问爸爸、奶奶和爷爷，有的要去问问邻居和亲戚，有的认为到妈妈的单位去采访她的领导和同事比较好，还有的说要与妈妈进行一次单独的交流……

一个星期后，孩子们把“采访”来的大量语言材料进行了组合与整理，并写上了自己的体会和评价。写出的文章形式多样，内容鲜活。

一位同学从妈妈的单位采访回来写道：“我去妈妈的单位遇到了王叔叔和门卫刘伯伯，他们都说我妈妈待人好极了，尤其是对待下属职工，又

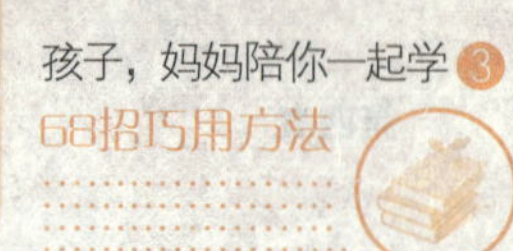

热情又关心，经常找他们谈心，帮助他们解决困难。唉，妈妈呀妈妈，你什么时候才能像对待你的下属那样对待我呀？别老用严厉的目光看着我，给我一点微笑吧!”还有的同学写妈妈给奶奶的印象，邻居对妈妈的评价……每位妈妈的形象各不相同，活灵活现，跃然纸上。

状元妈妈这样做

多角度利用素材。有的孩子摘录了许多写作素材，但一到写作文时还是无从下笔，这是为什么呢？这是因为他们不会多角度地利用素材。举一个例子，在用到“华盛顿砍樱桃树”这个故事时，孩子可能都会写华盛顿的诚实，却不会从他父亲的角度，表达出父亲那份深沉、细腻的父爱。所以在找好材料后，应该指导孩子学会多角度利用，让素材库真正发挥作用。

45 "擦亮"作文的标题

以高分考入北京大学的陈旭同学，在高考语文作文中得了满分。他在介绍自己的写作经验时，特别提到了自己从小养成的一种好习惯，就是写作文时一定要给作文想一个好题目。他说：

"小学时有一次老师让我们写一场自己参加的有趣活动。我很认真地写了一场精彩的足球赛，最后起了一个作文题目叫《小球迷丁丁》，交给了老师，结果这篇作文只得了个'中'。

"后来老师找到我，给我解释了我才明白，我这次作文是'题不对文'。写足球赛，肯定要写足球赛的精彩激烈，而作文题目却叫《小球迷丁丁》，着重介绍的是自己，这样就转移作文重心了。"

那么，作文的标题应该怎么起呢？陈旭同学总结了几点具体要求：

1．作文的题目要有新意，能引人入胜，不能照搬照抄。比如，同样是写热爱家乡的作文，《苹果之乡——烟台》就比《我爱烟台》更形象、生动，作文内容也一目了然。

2．作文的题目要具体，不能太空泛。比如，同样是表达同学们热爱读书这一主题的文章，《我爱读书》《书籍伴我成长》就比《读书》《书是人类进步的阶梯》更加具体。

3．作文的题目要精练，不要累赘。作文的题目太长，就会给人繁杂的感觉，比如《一件难忘的事》就比《发生在我小时候的一件难忘的事》简洁得多、精练得多。

作文不仅要内容写得精彩，取题目也有这么多的学问。陈旭说，后来他把他的作文标题改成了《一场精彩的足球赛》，得到了老师的表扬。

状元妈妈这样做

标点符号的妙用。有人喜欢在作文标题中加上标点符号，这有什么妙用呢？考入北京大学的李一思同学说："标点符号是无声的语言，用它们来拟写文题，不仅可以让标题显得清新活泼、形象生动，而且还会给人留下广阔的思维空间。如作文标题为：'人生，丰富多彩！'作者在标题中加入感叹号，使标题铿锵有力，形象地表明了'人生没有固定格式'这一主题。"

46 数学也可以记日记

“家里买了一个新台灯，灯泡由原来的一个变成了三个。可是爸爸却说更省电了。这是为什么呢？原来一个5瓦的节能灯可以达到白炽灯20瓦的效果，可以省电75%……”这是某希望小学四年级小学生杰杰写的日记，他记录了在节能灯使用后的电费情况。

语文可以写日记，数学也同样可以写日记。将日常生活中遇见的一些数学问题，比如家中的煤气费、水电费、日常花销、商场打折等信息记录下来，就可以整理成数学日记。

举例来说，每逢节假日各大商场都会推出类似“满100送100”“满130送150”的促销活动，这时我们可以请孩子算算，哪种消费方式最划算？为什么商家会喜欢送券这种方式？这样既可以提高孩子学习数学的兴趣，还能锻炼他们的语言表达能力和逻辑思维能力。

这里提供一个数学日记的格式，从学习的方式、知识的掌握、存在的困惑、不同的想法和合作的过程等方面，规定了一些需要写的内容。格式如下：

姓名：__________　　　　日期：__________

今天数学课的课题：______________________

所学的重要数学知识：________________

学习知识所采用的方法：________________

理解得最好的地方：____________

不明白或还需进一步理解的地方：________________

你对哪个问题有不同见解：________________

今天你和谁一起合作解决了什么数学问题：____________

所学内容能否应用在日常生活中，举例：______________

这种形式的数学日记比较简洁，它不仅仅是一种日记，而且还可以作为一种总结性的笔记，在孩子后期的复习中可以发挥大作用，节省不少的复习时间。

状元妈妈这样做

写一写数学体验。妈妈可以鼓励孩子在日记里大胆地说出自己学习数学的真实体验与感受。比如学习数学时心情是否愉快，是否有收获，对自己在课堂上的表现是否满意，哪部分的知识学得不扎实，等等。过一段时间再回头看看以前的感想，相信孩子一定可以从中得到更多的认识。

47 不能放过的写作错误

“我是一名小学五年级的学生，为什么我在写英语或者语文作文的时候总会出现错别字或者拼写不正确呢？我该怎样改正？”一个孩子在网络上这么留言求助。

语文、英语这样的语言类学科，语言形式比较灵活，孩子在写作文的时候往往稍不留意就会出错。有时候这种错误会成了孩子作文中的“顽疾”，并且久治不愈。家长该怎样给孩子支招，尽量避免这种现象的出现呢？

首先应该让孩子明白自己错在哪里，怎样错的，正确的写法或做法是怎样的，然后再指导他们进行改正。

1. 语文作文中的错误

改正目标：错别字。

典型错误：粗旷。

更正：粗犷。

改正说明：注意字音和字形。旷，组词空旷；犷，组词粗犷。

造句：他长得很高大，显得有点儿粗犷。

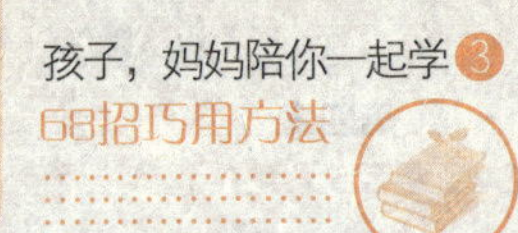

2. 英语作文中的错误

改正目标：时态错误。

典型错误：I go to the Xinhua bookstore yesterday.

更正：I went to the Xinhua bookstore yesterday.

改正说明：昨天发生的事情，应该用过去时。

特别注意：go 的过去式是went。

错误出现之后，哪怕错误非常小，也要让孩子进行改正，否则错误会越来越多，孩子的写作能力也会停滞不前。

从病句中学习。作文中的病句会直接影响作文的得分。妈妈要指导孩子学会修改病句，提高语言的准确性。比如这样的一句话："徐老师不仅很亲切，而且很严肃。"问问孩子这句话错在哪里，有几种改正的方法。"亲切"和"严肃"的意思相反，前后矛盾。可以这么改："徐老师对待同学很亲切，像妈妈一样。"或者："徐老师课后很亲切，课上很严肃。"

48 好作文是修改出来的

我们先来看一看下面几个简短的小故事：

1．曹雪芹写《红楼梦》，“披阅十载，增删五次”，真是“字字看来皆是血，十年辛苦不寻常”。

2．托尔斯泰对长篇小说《复活》中卡秋莎的外貌描写，修改了20次才定稿。

3．“春风又绿江南岸”，王安石在写这句诗时，对“绿”字反复琢磨，在原稿上曾经换过许多字。先用“到”，又改作“过”，后改作“入”，再改作“满”，都不合意，修改了好多次，最后才选定了“绿”字。

“玉越琢越美，文越改越精”，“文章不厌千回改”。的确，文章修改就如同老酒一样，越酿越香。

由于孩子掌握的知识有限，写作能力有限，他们写出的作文还存在很多瑕疵，因此进行修改是非常重要的。修改时可参照下列表格：

修改方法	修改的内容	妈妈的补充（孩子没有注意到的地方）
1. 是否有错别字，用笔圈出并订正。		
2. 是否有用错标点的地方，用笔划出并改正。		
3. 是否有病句，加以改正。		
4. 把你认为写得好的句子用波浪线标明。		
5. 朗读自己的作文，用笔画出觉得不顺口的词句，加以修改。		
孩子给自己打分:		

孩子修改完毕之后，把改后的文章与改前的文章进行比较，孩子会明显发现自己的进步，自然也增添了写作的信心。

状元妈妈这样做

给日记也加上标题。老师可能不要求写日记要加题目，但为了提高概括能力，妈妈可以鼓励孩子尝试着给每篇日记都加个题目。因为题目是一篇文章的高度概括，所以经常做这种练习，非常有助于孩子提高整体把握写作内容的能力。

/ 第五章 /

高效利用时间的秘诀

作业经常完不成，休息和娱乐的时间越来越少，每天来不及预习和复习，学习效率低下，身心疲惫……如果这些现象正出现在孩子身上，这并不是因为学习时间不够，而是他们没有掌握管理时间的正确方法。

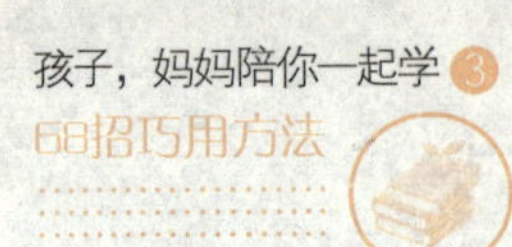

49 时间越计划越多

法国思想家伏尔泰曾出过一个意味深长的谜：“世界上什么东西最长又是最短的，最快又是最慢的，最能分割又是最广大的，最不受重视又是最值得惋惜的；没有它，什么事情都做不成；它使一切渺小的东西归于消灭，使一切伟大的东西生命不绝。”

这个东西是什么呢？答案就是“时间”。是的，时间对于人们来说非常重要，合理利用时间就等于延长生命。而时间对孩子的意义更重大，我们的孩子未来将要面临的是一个讲时间、求效率、快节奏、高速度的社会。要想立足于社会，获得事业上的成就，他们必须学会管理好自己的时间。

孩子管理学习时间最主要的方式，就是制订学习计划。

1. 小纸条安排学习

孩子可以把今天要做的事情按顺序写在小纸条上，比如今天安排了三项任务：（1）写一篇日记；（2）背诵英语课文；（3）做数学课后习题。做完一件就用笔勾掉一件，这样可以督促自己不拖拉、不磨蹭。这种好习惯让孩子的学习变得有计划，学习效率也能得到提高。

2. “三随法”安排时间

学习计划是孩子全部时间计划的一部分，所以应注意以下三点：

第一，随课程表安排学习时间。学校的学习是基础，孩子应该根据一周的课程表，来安排自己预习、上课、复习、图书馆学习等活动，使学习有序地进行。

第二，随作息安排学习时间。将孩子一天的学习、娱乐、休息和睡眠以时间表的形式科学地安排出来，严格执行，养成科学运用时间、科学运筹时间的态度。

第三，随学校制度安排学习时间。安排学习时间，一定要考虑到学校制度的规定、要求，不能和学校制度发生冲突。

是不是把一天的计划表安排得越满，对时间的利用效率就越高呢？当然不是，考入北京大学的刘晓芳同学在谈到时间安排时说：“用各种活动把一天的时间表‘塞’得满满的，会给自己很多压力。在时间表上应该留出一部分时间供自己休息和思考，想一想一天学习中的收获，以及还有哪些需要改进的问题等，这样就可以紧张又不失轻松地完成一天的学习，从容面对明天的挑战。”

状元妈妈这样做

安排机动时间。孩子在执行计划的过程中，不可避免地会遇到一些新情况。比如班里临时安排了集体活动，跟自己做作业的计划发生冲突了，这时候就会影响自己的计划。如果提前在计划中安排了机动时间，就不怕有临时活动了。

50 时间的使用效率最重要

家长可以这样提醒孩子：大家的学习时间都是一样的，为什么有的同学学习成绩那么优秀，有的同学却不理想呢？这是因为前者的时间使用更有效率。如果能善用学习时间，制订出一个适合自己的学习计划，学习就能事半功倍。在实施和制订计划时，孩子特别应该注意哪些问题呢？

1. 利用最佳时间段

学习是一件需要高度集中注意力的事情，但是人不可能一天到晚都绷紧神经。考入清华大学的王雯同学在谈到时间利用时说，要充分利用一天的最佳时间段，这样才能取得较高的学习效率。比如：上午8：00~10：00，大脑极易兴奋，适宜学习需要周密思考和分析判断的内容，也是攻克难题的好时光。再比如下午6：00~8：00，大脑神经活跃，是回顾复习全天学习内容，知识归纳分类和整理笔记的黄金时间。所以利用好最佳时间可以起到事半功倍的效果。

2. 把看电视也列入学习计划

我们的学习计划里面，不仅要有对学习的安排，也应该有对休息时间的安排，比如一天看多久的电视及什么时间看，每天玩多长时间，周末玩多久等等。玩得有计划了，就不会担心自己在学习的时候总惦记着玩了。

3. 计划要及时检查和调整

学习计划订好之后，要贴在显眼的地方，经常对照，以便检查自己的执行情况。检查的内容包括：（1）是否基本按计划进行学习；（2）计划任务是否全部完成；（3）学习效果如何；（4）没完成计划的原因是什么；（5）什么地方安排太紧；（6）哪些环节安排过于轻松……如果完成任务很轻松，余地较大，可以考虑进度加快一点。如果没有按计划完成任务，就要仔细分析原因，然后对症下药，修订计划，改变不科学、不合理的地方。只有让孩子根据自己的实际情况对计划进行调整，才能让计划执行起来更有效。

学会一周总结。到了双休日，不要让孩子依旧埋头学习，要指导孩子学会抽出时间来总结一周的学习情况。另外，不要只待在家里，要有户外活动的时间，做到劳逸结合。

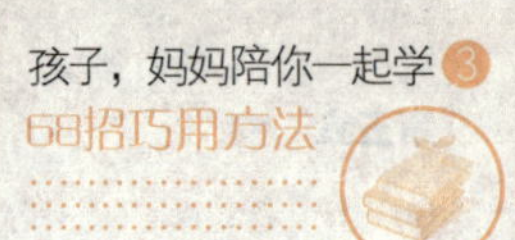

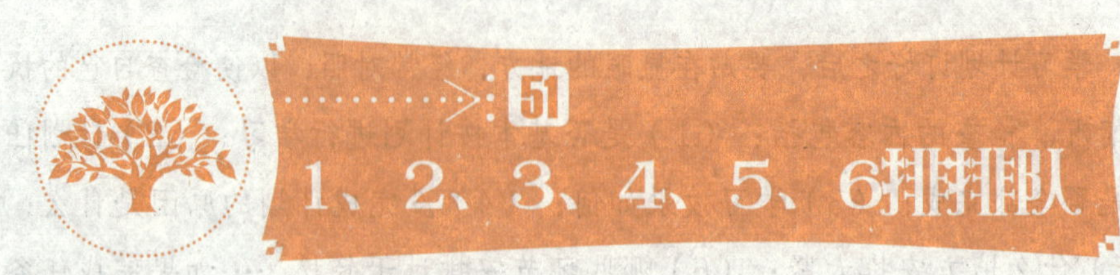

51 1、2、3、4、5、6排排队

美国效率大师艾维利在向一家钢铁公司提供咨询时，提出了“六点优先工作制”的时间管理方法。5年以后，这家公司从濒临破产一跃成为当时全美最大的私营钢铁企业，艾维利也因此获得了2.5万美元咨询费。管理界将该方法喻为“价值2.5万美元的时间管理方法”。

这种方法有什么神奇之处呢？原来，它体现了“要事第一”的时间管理原则。它要求人们把每天所要做的事情按重要性进行排序，然后分别从“1”到“6”标出6件最重要的事情。每天一开始，先努力做好标号为“1”的事情，直到它被完成或完全准备好，然后再全力以赴地做标号为“2”的事，以此类推……艾维利认为，一般情况下，如果一个人每天都能全力以赴地完成6件最重要的大事，那么，他一定是一位高效率人士。

对于孩子们来说，他们年纪小，学习压力大，如果能参考这一方法，把学习任务按照轻重缓急列一列，然后再去进行的话，也可以大大地提高他们的时间利用率，从而提高学习成绩。比如有以下几项内容：

1．去书店买英语参考书；

2．背诵课文，明天老师要检查；

3．写英语周记；

4. 完成课后习题；

5. 复习今天学过的单词。

根据“六点优先工作制”，家长可以指导孩子这样做：先完成第5项任务，再做第4项。因为先进行复习，才能顺利做好作业。基础作业完成后，再做第2项任务。最后才是第3项和第1项，而且，如果时间紧张的话，这两项不太紧要的内容可以安排到周末再进行。

当然，有的孩子会提出，不同科目的任务很难分出哪个重要，这时候需要你自己来进行判断了。比如自己的弱科作业，就应该当成重点，放在前面；而优势科目则可以推后，这样能够保证自己首先把弱科的不足给补回来。

让孩子把要做的事情按照1、2、3、4、5、6的方式排一排队，一定会比那种想到哪儿做到哪儿，浪费时间的做法要好得多。

做好记号。除了按数字顺序对任务进行排列，妈妈还可以指导孩子采用其他有意思的方式。比如根据事情的轻重缓急分别用一星“☆”到五星“☆☆☆☆☆”这类符号进行标注。这种形象的方式同样可以起到提醒的作用。

52 整理是一件节约时间的事儿

孩子的试卷或者作业发下来之后，往往会出现以下两种情况：

1. 孩子将试卷或作业扔到一旁，看都不看。
2. 改正错误后，将试卷或作业分类整理好。

问问孩子他会采取哪种做法。实践证明，采取第二种做法的学生往往比采取第一种做法的学生学习效率更高，学习成绩更好。

再举一个很浅显的例子：假设一个孩子的书桌上乱七八糟地堆放着学习资料，那么他可能平均每天为找东西而花费半个小时以上。这些时间本来可以用来学习、休息，或者解决其他的问题。

俗话说："磨刀不误砍柴工。"适当的整理能让孩子节省时间、提高效率。除了试卷和作业，孩子还有哪些地方需要整理呢？

1. 在书架上分别用小纸条贴上每一门功课的名称，将课本和资料有序地放入对应的位置。

2. 把各类物品归类。将铅笔、橡皮、尺子等放入文具盒，将一些暂时用不到的资料放入抽屉或书架中。物品用完后应归到原处。

3. 对于课外资料可以按照①听力、②生字、③语句、④阅读、⑤习作等标签分类。

4. 在利用网络查询资料、解决学习问题时，可以把查到的资料和问题统一粘贴到新建的文档中，以便日后用时查找。最后可将这些文档统一放入对应的文件夹中，方便查看。

指导孩子将各类学习资料和物品归类，待孩子用时一看便知道在哪儿，避免了孩子想查阅某本书或取用某个物品时东找西翻，急得满头大汗东西却不见踪影的现象。整理，对孩子来说是一件节约时间、提高学习效率的事儿。

这些资料需要整理。一般来说，孩子需要整理的资料有如下几类：1. 教科书。每次复习，必然要涉及各个阶段的知识，因此，我们要让孩子妥善保存好各年级的不同学科教材。2. 练习册。对于练习册孩子没有必要全部收藏，可只收藏与老师教学同步的练习册。3. 考试题。这里要整理的考试题就是指单元试卷和大考试题。一般来说，这类试题比较集中地体现了教学大纲对学生的学习要求。4. 其他资料。如平时的课堂笔记本，孩子摘录的一些典型的习题记录本等。

53 “二八法则”安排时间法

19世纪的意大利经济学家帕累托提出了这样的理论：20%的客户给你带来了80%的业绩，可能给你带来了80%的利润；世界上80%的财富被20%的人掌握着，世界上80%的人只分享了20%的财富……这个理论的核心内容是：生活中80%的结果几乎源于20%的活动，因此我们应该把注意力放在20%的关键事情上。解决好了20%的关键事情，也就取得了80%的效果。

这一理论也为我们提供了一种高效利用时间的方法，那就是：用80%的时间突破20%的主要障碍。家长也可以把这个方法推荐给孩子，教他们养成科学的用时习惯。

先把一天的学习任务全部列出来，之后再让孩子估计一下自己用于学习的时间一共有多长，然后把80%的时间分配到重点任务上，20%分配到一般任务上。所谓重点任务，可以是自己的弱科方面的，也可以是自己需要加强和巩固的知识点方面的。

我一天的学习任务：	我的全部学习时间有：	
1. 2. 3. 4. 5. 6. 7. 8. 9. 10.	我需要用80%的时间解决的任务：	我需要用20%的时间解决的任务：

状元妈妈这样做

突击重点。很多家长存在这样的误区，认为孩子做的练习题越多，学习效果就越好。事实未必如此。孩子平时做的很多练习题都来源于“母题”，都是对“母题”的变化和应用。所以妈妈不妨指导孩子多花点时间将每一道“母题”弄明白，以达到“以不变应万变”的效果。从时间的利用角度来说，重视“母题”也是最合理、最省时的学习方式。

YES! 搞懂例题

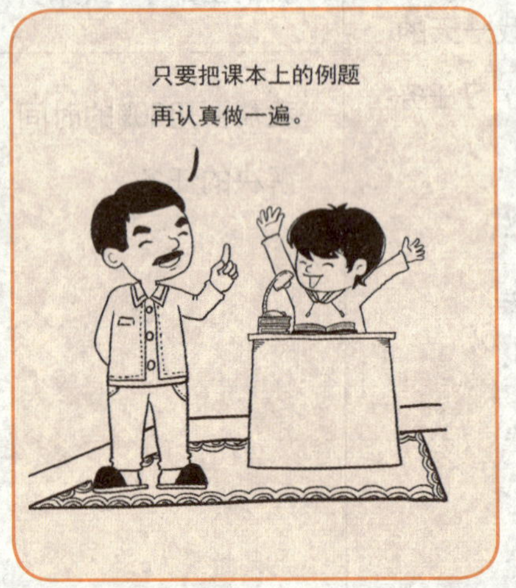

NO! 题海战术

家教箴言：课本上的例题和练习题是最能体现课本知识的题目，父母不妨指导孩子多花时间将每一道例题弄明白，能达到举一反三的效果。

54 与孩子订立一个时间合约

行为心理学认为，要矫正孩子的某种错误行为，通过订立合约并使用“代币”奖惩的办法是很有效的。

比如，很多孩子在制订计划后，总是喜欢磨磨蹭蹭拖延时间。针对这种情况，我们可以在一定的时间内对孩子提出一定的要求，如果孩子经过努力能达到要求，我们就给孩子一种奖励物，也就是所谓的“代币”。

这种“代币”是用硬纸做成的小方片，上面写有大小不同的分值。孩子达到某种要求，就奖给孩子相应的分值，孩子用这些分值可以换自己喜欢的食品或者活动。这种方法对那些喜欢磨蹭、不珍惜时间的孩子尤其管用。时间合约可以这样写：

爸爸妈妈的要求	相应的奖励	我的得分情况	我应该得到的奖励
15分钟内准确背诵完一首古诗，得5分； 25分钟完成一篇小作文并且字迹端正，得3分； ……	得10分奖给爱吃的食物； 得30分可买一本喜欢的书； 得100分可买一个玩具； 得1000分可和妈妈去外地旅游； ……		

将时间合约贴在墙上，每天对孩子的时间利用情况进行及时评价。试一试，孩子是不是对时间的利用效率更高了呢！

一项任务一次做完。如果开始某一项任务，妈妈就应监督孩子，争取一次性做完，千万不要有“明天我再做”“我先做其他功课”这样的想法，让自己专注于完成一个任务。这有利于孩子养成良好的时间观念。

55 记好时间的账

苏联昆虫学家柳比歇夫提出过一种时间统计法，十分有效。这种方法使他在82年的人生旅程中，共出版了70多部学术著作，写了12500张打字稿的论文，内容涉及遗传学、科学史、昆虫学、植物保护、进化论、哲学等领域。

在他的统计中，每天的各项活动，包括学习、写作、看书、读报、休息、散步、娱乐，甚至子女同他交流感情的时间全都历历在案。不仅每个细节记载得非常详细，而且各种事情耗时的起止时间都非常准确，误差不超过3分钟。他甚至还能做出各种单项统计，例如一年中自己看书、写作、听报告、会友、看电影等的次数和时间。有一年的总结表上就有这样的记载：游泳43小时，同朋友、学生谈话151小时……

当然，对于孩子来说，他们不可能也没有必要把时间记录得那么详细。但是通过这个故事，我们也应该让孩子明白，记录好时间利用情况将更有利于他们的学习。

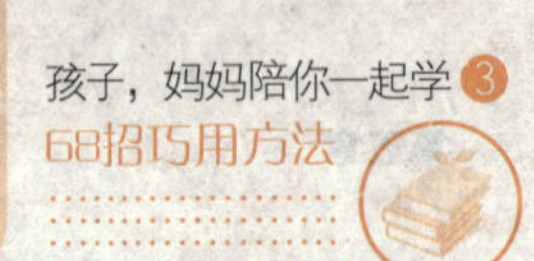

活动安排	开始时间	结束时间	耗时
早读背诵古诗	7：00	7：30	30分钟
总耗时			

将时间开销记一记，孩子就知道自己的时间都花在了什么上面，也便于家长进行监督。慢慢地，孩子的时间意识会越来越强烈。当孩子真正成为时间的主人后，他一定会比以前更加投入地学习。

状元妈妈这样做

记录浪费的时间。在学习的时候，很多孩子都喜欢做一些浪费时间的事。比如：摆弄橡皮、铅笔，嘴里的口香糖嚼个没完，听音乐，东张西望……类似的事情还有很多。针对这些被浪费掉的时间，我们也应该让孩子记一记。比如“2011年4月5日——玩橡皮——5分钟——5分钟的时间我可以记一个单词”。等孩子记录多了，就知道时间被浪费掉的原因所在了。

56 零散时间也有大用处

美国著名科学家富兰克林有一句名言：“时间是构成生命的材料。”谁了解生命的重要，谁就能真正懂得时间的价值。随着现代社会的高速发展，人们计量时间的单位由时、分、秒逐步精确到毫秒、微秒、毫微秒、微微秒。运动场上，十分之一秒或百分之一的时间差，就决定着谁是纪录的创造者。在航海中，使用六分仪的海员，1秒钟的差错，将使他的观测相差1/4英里……

可以说，我们对时间计算得越精细，事情就做得越成功。如果在学习中孩子能充分利用那些看起来微不足道的零碎时间，积少成多，他们将会获得更多的知识。考虑到零散时间的片段性，我们可以指导孩子这么做：

1. 处理学习中的杂事。比如在课间削削铅笔、收拾文具、整理书桌；在临睡前整理书包，按第二天的课程整理教科书和笔记本。

2. 读短篇文章和报刊。利用零星时间读一些短篇的文章或自己感兴趣的报刊，这样可以开拓知识面。

3. 提高听力。比如利用等公交车、坐车上下学的时间，听一听英语。

4. 解决问题。让自己把学习中积累的问题，利用课余时间去和同学讨论，向老师请教。这也是充分节约时间的好办法。

还可以利用双休日的零散时间来整理学习资料，比如书籍、期刊、科技报告、学习摘录卡等，通过对学习资料的再次“加工”，收获更大的进步。

状元妈妈这样做

珍惜时间不忘休息。在时间的利用方面有一个著名的公式：8-1>8。意思是从8小时中拿出1个小时进行体育运动、娱乐或休息，其效率远大于连续不断地学习8个小时。这也就是我们常说的学习要注意“劳逸结合”。所以当孩子出现精力不集中，对学习有厌倦情绪时，妈妈应该让孩子停下来，休息一下或做一些文体活动，以保证他们再次高效率地投入到学习中去。

/ 第六章 /

预习、听课和复习的技巧

预习、听课和复习，这三个步骤贯穿了孩子的整个学习过程。通过预习，可以使孩子在第二天的课堂上有重点地投放自己的精力；善于听课，可以让孩子在课堂内掌握全部知识；及时复习，则可以起到加深理解、巩固知识的效果。

57 我的语文预习笔记

对于低年级的孩子，学习内容比较简单，所以通过画一画、查一查的方式就可以做好预习工作。但是对于高年级的孩子来说，所学知识有些难度，自学能力也比低年级的学生强，所以他们的预习方式也可以更详细一些。比如预习语文，可以参照以下的方法：

我的语文预习笔记

1．今天我预习的课文的题目是《__________》，看了这个题目我想到了____________。

2．我先把课文试读了一遍。读的时候，遇到生字我首先读准了字音，分清了字形，然后组成词语用○圈出来。我是用以下方法自己学习字词的。

①读课文中的生字注音，我认识的生字有__________。

②我查字典学会的字有________________________。

③通过读课文我认识的新词有_____________。查字典联系上下文理解的词语有____________，我要把它们的意思写在书上。

3．我又把课文读了一遍。争取把课文读通顺，读不通顺的地方，我就用尺子画上横线，共有_____处。我会想办法读通顺的。

①我停下来多读几遍就读通顺了_____处。

②我请爸爸妈妈读给我听，又读通了_____处。

4．我又认真读了课文。

①我发现了课文有许多优美的句子，所以我记下了：________。

②我又知道课文主要讲了__________。

③我觉得课文写得很有趣、很生动、很感人，所以我把自己的感受写了下来：___________________。

5．读了这篇课文，我还有几个问题弄不明白，所以我记了下来：_______。明天上课时，我要和大家交流。

在刚开始的时候，我们可以把这种方法作为孩子预习的“拐杖”，等孩子坚持用“拄拐”一段时间后，你会发现孩子已经完全掌握了预习的窍门，可以抛开“拐杖”自行预习了。这时孩子的学习也会逐步变被动为主动，步入良性循环。

状元妈妈这样做

查阅背景资料。对课文资料的补充也是预习的一项重要任务。比如孩子在预习杜甫的《绝句》一诗时，我们除了指导孩子弄清杜甫的生平、历史地位和代表诗篇外，还可以对孩子做一点小小的提问，比如：杜甫是生活在盛唐、中唐，还是生活在晚唐？杜甫为什么被称为“诗圣”？“圣”字意味着什么？他的诗为什么被称为“诗史”？引导孩子查阅背景资料，使孩子更透彻地理解预习内容。

58 数学也要预习

预习数学，对很多孩子来说，感觉像是“老虎吃天——无从下口”。很多孩子只是走马观花地看一遍课本，没有任何效果。

山东省潍坊市滨海中学的优秀教师李振涛有着多年的数学教学经验，他为我们提供了以下三种预习方式，在教孩子预习的时候我们不妨做个参考。

1. 读完之后做批注

数学课本是孩子学习数学知识的重要依据，孩子读课本的过程就是一个感知新知识的过程。为了让孩子将课本读明白、读透彻，我们可以指导孩子把书中的重点字词、重点概念、关键语句、疑难处、已学会的、不理解的，分别用圈圈、直线、双直线、波浪线、对号、问号等不同的符号做上标记；也可以让孩子把自己的理解、体会或独特的见解写在书中的空白处。

2. 动脑与动手相结合

当孩子遇到定律、公式时，我们可让孩子自己先推导一遍，需要实验的就动手做实验，需要实践的就动手去操作。通过亲身体验知识的形成过程，深化对概念、公式的理解，这样将更利于孩子掌握新知识。

3. 从练习中寻找问题

课本中的“想想做做”“练一练”安排的都是与例题同步的模仿练习，在完成上述两个步骤后，我们可以让孩子尝试着做练习。通过试做，可以检查出孩子对新知识的理解程度和掌握程度。在做练习的过程中，孩子还需要找出自己不理解的难题、有疑问的地方，以便听课时重点解决。

以学习《长方形和正方形》为例，孩子可以这样预习：

1．阅读课本，把重要的语句用直线画下来，多读几遍，看看能否理解；把不懂的地方做上标记。

2．按课本上的要求，找一找身边的正方形和长方形，用纸折一折、量一量、比一比，看看有什么发现，记下来。

3．试着回答课本上提出的问题，会了就标上对号，不会的就标上问号。

4．试着做一做课后习题。

5．再一次看书，说说这节内容的重点是什么，想想还有什么疑难之处，记下来。

状元妈妈这样做

不同的内容不同的预习方式。针对不同的预习内容，可以采取不同的预习方式。比如概念型的内容，孩子可以采取重点读文字的方式预习；计算型的内容，孩子则要重点通过做练习题来预习；而对于一些需要动手操作的内容，我们则要指导孩子通过亲自动手实践来预习。根据内容的不同采用不同的预习方式，孩子才能收到最好的预习效果。

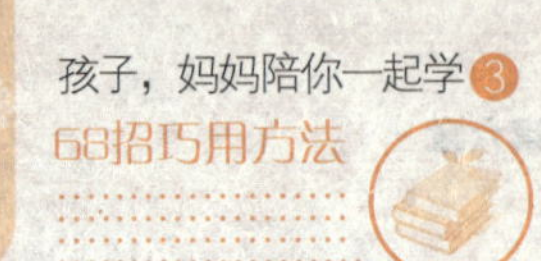

59 教孩子学会听课（一）

“我儿子是一名小学四年级的学生。连续几天，老师布置的作业他都不会做。我给老师打电话询问情况，老师告诉我，孩子在学校不会听课。我应该怎样配合老师，教孩子学会听课呢？”一位家长提出了这样的疑问。

想要解决这个问题，我们需要先来了解一下孩子的听课特点。

心理学和统计学的研究表明：学生课堂思维活动的水平随时间的变化而变化，在课堂教学开始的10分钟内，学生的思维逐渐集中；10～30分钟，思维处于最佳活动状态；随后思维水平逐渐下降。也就是说，孩子很难在45分钟的时间内都能集中精力。但众所周知，听课注重的是思考，孩子需要跟着老师的节拍走。那么有什么方法可以增强孩子的注意力呢？记笔记是一种不错的方式。

美国康奈尔大学的研究者曾总结出一种有效的记笔记方法，取名为康奈尔笔记法。这种方法几乎适用于做一切学科的课堂笔记。该笔记分为主栏、回忆栏、思考栏三大块，样式如下表：

课程名称： 章节： 听课时间：	
主栏：	回忆栏：
思考栏：	

具体方法是：1．记录。将听课内容记在主栏里。2．简化。下课后用摘要形式将主栏笔记概括成要点，写在回忆栏里。3．背诵。把主栏遮住，只看回忆栏的要点，用自己理解的语言复述上课内容，然后敞开主栏，对照检查。4．思考。在思考栏中，记下自己的学习心得和体会。5．复习。每周花10分钟左右的时间快速复习笔记，主要看回忆栏，适当看主栏。

需要注意的是，如果孩子还处于低年级，大可不必按照这种方式记，但是也要在听课的时候用笔将老师讲的重点和难点在课文中标出。

状元妈妈这样做

课前做好物质准备。每天临睡前督促孩子准备好第二天上课需用的学习用具，以免上课时因为找学习用具而分心，或者因为没有必要的工具而听不懂课。（1）常规的学习用具主要包括课本、课堂笔记本、练习册、铅笔、橡皮等；（2）还有一些特殊用具，比如老师提前布置的需要孩子准备的工具，如查阅的资料，字词典，辅导材料，实验器材等。

60 教孩子学会听课（二）

当我们问孩子“今天老师教了什么”“今天你学到了什么”时，孩子往往只是简单地说“老师教了几个单词”“讲了几道数学题”。这时，我们可以继续问孩子：“这几个单词有什么特点吗？”“新单词和昨天学过的单词相像吗？”“今天的作业和老师讲的题目有什么关系？”这么详细一问，孩子很有可能回答不上来。这恰好表明孩子对课堂知识印象不深，最根本的原因还是不会听课。

针对这种情况，家长应该明确告诉孩子听课要听哪些内容。孩子带着目标去听课，注意力自然会更加集中，对课堂知识的掌握也会更加牢固。

1. 听重点

每节课开始时，老师总是要拿出几分钟的时间，将上堂课所讲的主要内容以自述或者提问的方式强调一下。毫无疑问，这就是孩子要听的重点，孩子可以抓住这个机会弥补上堂课的学习中存在的漏洞。

2. 听引入

一般来说，老师在复习上节课内容的基础上，会引入新的知识。因此，我们要让孩子注意老师复习了哪些已学过的知识，又引入了哪些新知

识，两者之间有什么关系。这对孩子理解新知识是非常必要的。

3. 听讲解

在引入新知识后，老师会详细地讲解新知识的内容及其应用。这一部分是整堂课的中心，需要孩子下大力气去认真听讲。听老师着重强调了哪几点，是如何讲解的，老师又是如何用新知识解决实际问题的等。

4. 听提问

老师在讲解新知识及其应用时，常常会提出一些问题让同学们回答，对于这些问题孩子也要认真听。因为这些提问都是经过老师精心准备的，都与课堂上讲解的新知识有很大的关系。

5. 听小结

告诉孩子，老师所讲的小结也应该注意听。因为，短短的几分钟小结往往是对一节课的重点概括，是老师所讲内容中的精华，需要引起孩子的高度重视。

另外，我们还要提醒孩子不要平均分配注意力，要有张有弛，把握听课节奏，听课效果才能更好。

听老师的补充内容。很多老师习惯在讲课时补充一些课外资料，比如名人小故事或者有趣的资料等。听一听这些内容，一方面可以加深孩子对当堂知识的理解，另一方面还可以舒缓下孩子在听课时的紧张情绪。

61 听课“三看”

有位老师曾经用两种不同的方法分别让两组同学记住10张画的内容：对第一组同学，他只是告诉他们画上画了些什么，并不给他们看这些画。也就是说这组同学只是听，没有看。第二组正好相反，老师只给他们看这10张画，可是不给他们讲每张画画了些什么内容。对于这一组同学来说他们只是看，没有听。过了一段时间后，老师通过考察这两组同学的记忆情况，发现第一组同学只记住了画面的30%，而第二组则记住了80%。

想让孩子听好课，除了教给孩子听什么之外，我们还要告诉孩子应该看什么。因为多种感官并用才能学得更好。那么，孩子上课时应该看什么呢？

1. 看老师的板书

老师的板书包括：（1）老师所列的提纲；（2）老师讲课的重点、难点、结论；（3）老师补充的新内容。可以说，孩子抓好了这几点就等于抓住了整堂课的核心。

2. 看老师的画图与演示

有些难题，一经老师画辅助线、画草图或用教具演示一下，就会变得不难了。因此，孩子要仔细看老师是怎样画图和演示的。看完老师的演示之后，孩子也要自己根据题意画出图形，或者亲自动手演示一遍。

3. 看课文中关键的词句和段落

当老师讲解课文中的字、词、句或段落时，孩子需要一边听讲，一边查看课文中的这些内容，以增强理解和记忆。

在注重“看”的同时，家长还是要提醒孩子，要积极跟着老师的思路走，有不明白的问题及时提出来，或者找机会请教老师或同学。

看看同学的板演。课堂的主角并不仅仅是老师，同学在课堂中的作用也不容忽视。在老师请同学上讲台进行板演的时候，我们也要提醒孩子注意观看，看看同学的解题步骤、解题方法以及解题结果是否跟自己的相同，积极思考。

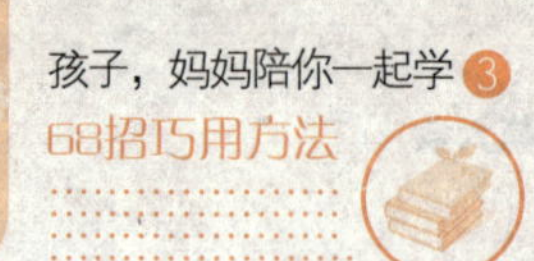

62 争取每堂课回答一个问题

上课不仅仅是老师向学生传递知识的过程，也是学生主动学习的过程。因此，学生上课时，不仅要认真听讲，还要注意积极发言，与老师、同学进行交流。另外，老师的提问往往是教材中的重点、难点或需要引起特别注意的地方，学生应该认真思考，积极回答。

可是，有的孩子性格内向，比较胆小，课堂上不敢回答问题。对于这类孩子，家长该怎样说服呢？

1. 积极发言能提高学习兴趣

问问孩子是否有这样的经验：有时候上课时自己昏昏欲睡，但是如果遇到某个问题和别人一争论，精神就来了。所以，当同学回答问题时，一定要仔细听，如果有不同意见，要大胆举手提出来，和同学进行讨论。这样一来，孩子你还会昏昏欲睡吗？

2. 上课发言让大脑加速

为了准确回答老师的问题，你就必须把学过的知识在头脑里快速思考一遍。所以积极主动的发言，可以让你的大脑加速运转，思考问题也会更加灵活。

3. 回答过的问题记得更牢

课堂回答问题是对学过的知识进行复习的一种方法。相信孩子也会有切身体会，自己在课堂上被老师提问回答过的问题，一般都不容易忘记。如果你能每节课争取回答一个问题，你的学习成绩一定会不断提高。

学生在课堂上不能只是张着嘴巴等老师“喂”知识，而应充分发挥自己的主观能动性，提高能力。老师的课堂提问一方面可调动我们的积极性，启发大家思考，提高听课效率；另一方面还能锻炼我们的语言表达能力和大脑的快速反应能力，将被动的听课变为主动的参与。因此，孩子你可千万不要失去这样的好机会！

小纸条提问法。如果在课堂上孩子有不会的问题，但又不能打断老师的讲课，或者不好意思问老师，这时候该怎么办呢？妈妈可以给孩子推荐这种办法：找出一张纸条，把自己上课时没有弄懂的问题都写在纸条上，下课后把纸条递给老师，请求老师帮助自己解答。这样做不仅可以有效地完善听课质量，还可以加强和老师的沟通，让老师及时了解自己的学习状况，还能与老师成为好朋友。

63 当天学完当天复习

很多家长和孩子都会有这样的想法：完成了当天的作业，学习任务也就全部结束了，至于复习，那是临考前的事了。

其实这种认识带有很大的片面性，不利于孩子学习成绩的提高。在结束完一天的学习任务后，再把知识复习一遍，这样做不仅可以使学到的知识更加有条理、系统，而且还可以起到增强记忆、提高效率的作用。

一份关于中小学生学习方法的调查报告为我们提供了以下数字：

优秀生课后能及时复习的有77.2%，普通学生只有59.5%的“有时间才复习”，甚至“临考试才复习”。这表明优秀学生普遍重视平时的复习工作。那么，家长应该怎样辅导孩子进行复习呢？

一个简单的方法，就是让孩子把一天中学到的知识简单写一写，有疑问的地方再翻开书查看一下。以数学为例：

1．老师讲了哪些定理和公式：______________________

2．这些定理、公式是怎样得出来的：______________________

3．解答例题时用了哪些方法：______________________

4．疑问之处：______________________

5．我的知识小总结：______________________

学习是循环渐进、丝丝相扣的，前面的知识理解不透，就学不好后面的新知识。从这一方面来说，孩子应该做好当天的复习工作，以保证学习的完整性。

状元妈妈这样做

丰富的复习方式。实践证明，如果长时间用同一种方式进行复习，效果往往不好。那么我们复习时能不能多种方式并用呢？当然可以。比如背诵时，我们可以默读，或大声朗读，或抄写，可以不断变换方式或者结合并用。再比如复习语文，可以用朗读、背诵、默写、造句、写作文等不同的方式变换进行；复习数学时则可以看课本、记公式、做练习题交叉进行。

64 “过电影”复习效率高

躺在床上也能学习？没错。每天晚上临睡前的这段时间，孩子的确可以用“过电影”的方法继续学习。“过电影”就是把今天所学的知识，像放映电影一样，一幕一幕地在脑海里回忆一番。这是学生进行复习的好方法。家长可以把具体方法教给孩子：

1. 平时复习

每天睡觉前，躺在床上，闭上眼睛，静静地想一想老师白天教的内容、知识重点……从第一节课开始，想想今天第一节课是什么课？老师上课时先讲什么，再讲什么？上课过程中哪位同学被提问，他是怎么回答的，老师对他回答的问题又是如何讲解的？接着，第二节课……一整天课堂上的情景一幕一幕地展现在脑海中，仔细地回想一遍。对于老师说的重要内容，更要把每一句话反复在脑海里思考、默读、推敲。

2. 考试复习

另一种“过电影”方法，可以用于平时考试复习，就是在脑子里翻书。想象着自己翻开课本，从第一课开始，一页一页地回忆内容：该页的标题是什么？整页书大概是几段？讲了什么内容？有哪些图片或表格？自

已在哪里画了重点？这样把整页书的内容想象一遍，然后翻过这一页，再想下一页的内容。如果自己记不住，就打开书本来看一眼，然后继续回忆……这样，过上几遍“电影”，整本书就像印在脑海里一样，书中的知识就牢牢地掌握了。

状元妈妈这样做

思路中断怎么办？孩子在用“过电影”记忆法时，可能会出现思路中断，怎么也记不起来的情况，这时候该怎么办呢？遇到这种情况，妈妈可以指导孩子通过一些轻松的画面让自己重新回到“电影”的轨道中，比如今天课堂上有某个同学因为打瞌睡而闹出了笑话。如果这些画面还不能唤起自己的记忆，孩子你还可以打开课本和笔记本，从中回忆起上课学到的内容。

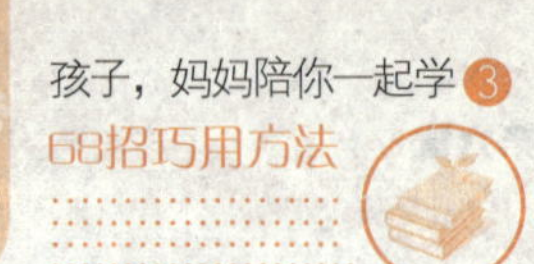

65 目录复习法

很多国内外教育专家都极其重视目录的作用。当代美国教育家布鲁纳就讲过：“不论选教什么学科，务必使学生理解该学科的基本结构。”而最能反映一门学科的“基本结构”的，不正是该学科的目录吗？

让孩子利用好课本目录进行复习，既有利于知识的系统化、条理化，又能够促使孩子在忆、说、写的复习活动中充分发挥主观能动性，增强自主意识，培养学习能力。

清华大学的徐佳同学认为，自己之所以能从一所普通高中走向清华，优秀的复习方法起了很大的作用。那么，孩子该如何有效地利用好目录呢？我们以数学为例：

1．忆

复习时，首先让孩子翻开目录，看看自己是否能够根据目录，依序记忆各个课题里面的知识内容，包括其中的概念、性质、法则、公式、数量关系和解题方法等。在忆的过程中，孩子可以边忆边把知识要点记在草稿纸上，以加深印象，忆不起时再翻看有关内容。

2. 说

就是让孩子述说各个章节的基础知识、重点内容以及知识间的联系与区别等。比如孩子可以这样说："小数乘法这一节主要讲了小数乘以整数，一个数乘以小数，求积的近似值，应用乘法运算定律使小数乘法计算简便等知识。小数乘法的意义表示两种意思：4.5×3表示求3个4.5的和，它与整数乘法的意义相同；1.6×0.4表示求1.6的十分之四。小数乘法的计算法则是：先按照整数乘法的……"

3. 写

让孩子默写目录内容，用书面形式整理知识梗概，辨析易混知识，记下解答例题的方法和自己的阅读体会等。例如，孩子可以把"约数和倍数"这一章的知识梳理成下图：

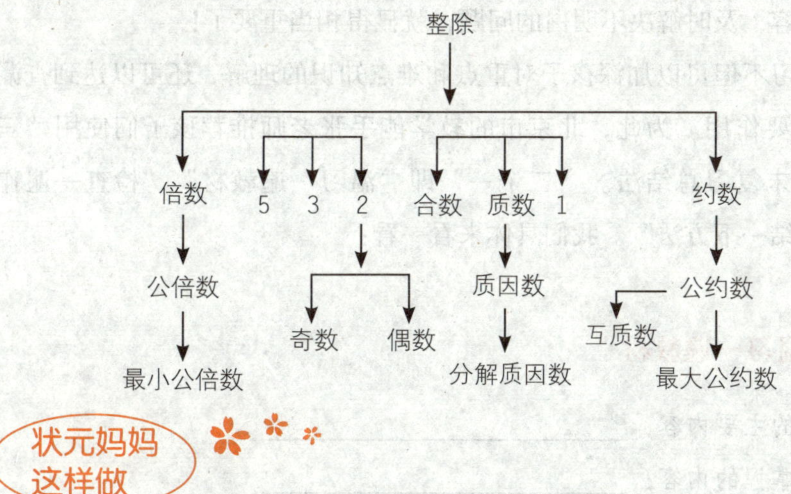

状元妈妈这样做

对目录进行改造。我们可以让孩子将目录输入计算机中，然后重新对目录进行设计，比如可以加大间距及天头地脚等，方便以后补充和查看。

66 每周的“三个一”复习法

上课时间紧、课程进度快，孩子难免会对知识的理解出现偏差。有的内容孩子可能会掌握得牢固一些，有的内容则理解得很浅甚至不理解。往往一周下来，孩子积攒的问题很多。所以每逢周末，让孩子适当复习一周学过的内容，及时解决不明白的问题，就显得相当重要了！

周复习不但可以加深孩子对重点和难点知识的理解，还可以达到查漏补缺的重要作用。为此，北京市的教学能手张老师推荐孩子们使用“三个一”周末复习总结法。“三个一”即“温习一遍教材”“检查一遍作业”“总结一下方法”。我们具体来看一看：

1. 温习一遍教材

教材的主要内容：________________________

重点掌握的内容：________________________

我尚未掌握的内容：________________________

老师讲课时重点强调的内容：________________________

我需要弄明白的问题：________________________

2. 检查一遍作业

这周所有我做错的练习题是：____________________

改正方法：____________________

我会了吗：______

3. 总结一下方法

这周我在学习中存在的不足：____________________

下周我需要这样做：____________________

每周末把这些内容填一填，既可以回顾本周的知识，又能为下周的学习做好充分的准备，真是一箭双雕的好方法！

交叉复习。当孩子同时面临几门课程的复习任务时，最好采用交叉复习的方式，即“这节课”复习语文，休息后换成数学，再之后又变成别的科目。这样复习的好处是不会使孩子产生厌倦心理。

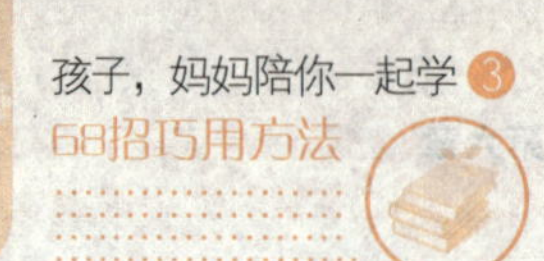

67 让孩子“复习”一下错误

许多孩子对平时做过的题目，还是会一错再错。究其原因，是孩子忙于做练习却未曾对错误进行“复习”。

解决这个问题的最佳方法，就是让孩子整理出做错的题目并加以改正，将作业本中出现的错题一一抄到一个新的笔记本上。如下：

2013年9月28日

错题一：__________

出错的原因：__________

正确的解法：__________

需要注意的几点：__________

摘自：第_____单元第_____页。

状元妈妈这样做

对错题分类整理。把每一道错题的原因写清楚。比如：1. 题目简单，由于粗心计算错的；2. 难度较大，审题出错的；3. 课本知识没有掌握的。将出错原因相同的题目归纳在一起，这样看起来就会一目了然，什么题目容易因为什么原因做错也就更清晰了。

68 考卷，孩子复习了没

“临考前要注重复习试卷”，这个观点是天津市优秀教师王老师对学生提出的建议。他说，孩子的许多易错点都隐藏在过去的考题中，因此让孩子复习试题是十分有效的。通过复习试卷，孩子可以从中找到自己不会或者不懂的知识缺陷，避免了直接复习课本的盲目性，起到了进一步查漏补缺，快速提高成绩的作用。

那么，怎么利用好孩子手中的试卷呢？

1. 做试卷封面。让孩子找一张跟试卷大小一样的白纸作为试卷封面，封面可按以下方式填写：

数学测试卷001

考试时间：________

试卷得分：________

我要克服的主要问题是：____________________

2. 封面做好后，仔细翻看试卷中自己做错了的题目，以及老师点评时画出的重点题。对于错题，孩子可用圈圈标出，重点题则用星号标出，并将这两类题以下面的方式进行整理：

错题	重点题
做错的原因：	考查的知识点：
正确解答： 我存在的疑惑： 同类型题：	涉及的章节： 同类型题：

对于平常的小考试，卷子的保留价值不大，但是错误的利用价值也不可小视。为了节省时间，我们可以直接让孩子把卷子上的错题剪下来，贴在一个错题本上。也可以指导孩子对试卷进行适当拓展，比如把与错题题型类似的题目也抄写下来，与原题作对比，从中找出考查的知识点，加以巩固。

状元妈妈这样做

让孩子自编试卷。针对以往考卷上的易错题目和重点题型，在孩子统一复习整理过后，我们还可以让孩子将这些题目抄写在白纸上，以易错填空题、易错选择题、易错解答题的分类方式制作成一张易错题型考卷，然后让孩子在规定的时间内再次对这份自制试卷进行解答。